Dm de Longueville ... 1663

1re femme
Louise de Bourbon fille
aisnée de charles comte
de Soissons

marie d'orleans née ~~...~~
le 5 mars 1625 + 1707
mariée a henry II de
savoye et de nemours

2e fem
anne Geneviève
de Bourbon

jean louis. abbé
ch...
p...

MEMOIRE,

POUR

JUSTIFIER LE DROIT

DE

SON ALTESSE SERENISSIME

MONSEIGNEUR.

LE PRINCE DE CONTI,

Sur les Comtez Souverains DE NEUFCHATEL *&* DE VALANGIN *en Suisse.*

A PARIS,

De l'Imprimerie de la V. LOUIS COLIN, Imprimeur ordinaire de S. A. S. Monſeigneur le Prince de Conti, ruë de la Harpe, à l'Image S. Louis.

M. DCCVII.

TABLE DU CONTENU AU PRESENT MEMOIRE.

PREMIERE PARTIE.

SECONDE PARTIE.

PREMIERE NULLITE' DANS LA FORME.

SECONDE NULLITE' DANS LA FORME.

TROISIE'ME NULLITE' DANS LA FORME.

QUATRIE'ME NULLITE' DANS LA FORME.

TROISIE'ME PARTIE.

PREMIERE PROPOSITION.

SECONDE PROPOSITION.

MEMOIRE,

POUR S. A. S. MONSEIGNEUR LE PRINCE DE CONTI.

POUR JUSTIFIER SON DROIT dans les Comtez de Neufchatel & de Valangin.

QUOYQUE Madame la Duchesse de Nemours ait eu le crédit en *1694*, d'obtenir à Neufchatel l'investiture ou mise en possession d'une Principauté, qui appartient par un Titre legitime à Monseigneur le Prince de Conti, Qu'elle ait eu l'avantage en *1699*, d'empescher la convocation d'un Tribunal impartial pour en décider le different, & de faire croire à plusieurs prévenus par ces faux préjugez, qu'elle avoit pour elle les Loix du Païs & les Constitutions de l'Etat. M. le Prince de Conti ose se promettre, que quiconque voudra s'instruire de bonne foy de la verité des faits, des regles & des usages de cette Souveraineté, & de toute la conduite qu'on a tenue dans cette occasion, revienda sans peine de cette prévention.

Il ne faut pas regarder ici M. le Prince de Conti comme une partie inquiete, qui se plaint d'un procés perdu, & qui reclame contre un Jugement rendu dans les formes. C'est par cette fausse idée qu'on a tâché dans tous les Ecrits répandus de la part de Me de Nemours en 1699, d'en imposer au Public. On s'y récrie, à chaque page, *sur l'autorité de la chose jugée par les trois Etats*; On y exagere *l'éclat que l'investiture de Me de Nemours a fait dans toute l'Europe*; On dit, *qu'il y va de la dignité & de l'interest de tous les Souverains, de l'ordre public, & de la tranquilité des Etats, de ne pas souffrir qu'on remette en question, un droit qui a esté si solemnellement decidé.*

Ces discours pathetiques seroient considerables s'ils estoient vrais; Mais comment peut-on avancer dans le Public, que le droit de M. le Prince de Conti a esté jugé, quand il n'y a jamais eu de Juges, ni établis, ni reconnus pour en décider.

On est trés éloigné dans ce Memoire du dessein de déplaire à aucun de ceux qui ont eu part à ce prétendu Jugement. M. le Prince de Conti est persuadé par ses sentimens naturels, qu'on peut exposer ses plaintes sans aigreur, attaquer un Jugement qui le blesse, sans offenser les personnes qui l'ont rendu, & conserver les égards qui peuvent estre dûs à chacun, sans rien diminüer de la force de ses raisons, ni de la vigueur de sa défense.

M. le Prince de Conti ne peut mesme sçavoir mauvais gré à ceux, qui estans attachez par une longue habitude à la personne de Me de Nemours, attirez de longue main par ses faveurs & par ses bienfaits, engagez par avance par des Ecrits publics & par des Actes solemnels, du vivant mesme de M. le Duc de Longueville son frere, à la reconnoistre pour Souveraine aprés sa mort, forcés pour ainsi dire par ces engage-

[illegible] aussi bien que par l'empire qu'elle s'estoit acquis sur leurs cœurs, ont cru luy devoir leurs suffrages comme un effet de leurs reconnoissances, & comme l'execution de leurs engagemens.

Ils regardoient dans Marie d'Orleans le propre Sang de Jean-Louis-Charles d'Orleans son Frere; ils l'avoient vû comme la Curatrice occuper le Trone à sa place; ils estoient accoutumez à la voir au milieu d'eux, à recevoir d'elle les graces, & à obeïr à ses ordres, ils retrouvoient dans leur bienfaictrice la plus proche heritiere de leur Souverain, & pour tout dire en un mot, ils estoient favorables à Me de Nemours, plutost que contraires à M. le Prince de Conti.

Aujourd'huy que par la mort de Me de Nemours ces liens de la reconnoissance & de l'inclination sont rompus; que ces engagemens qui n'estoient que pour sa personne sont acquités; que ces esprits dégagés de l'ancienne préoccupation, sont en état de voir les choses dans leur verité, dans les principes & dans la pureté du droit. M. le Prince de Conti a si bonne opinion des esprits & des cœurs de la nation, qu'il ose se promettre de ceux mêmes qui ont paru en ce temps là les plus opposés à ses droits, qu'ils prendront pour luy ces mesmes sentimens, qu'ils ont eu jusqu'a present pour Me de Nemours, qu'ils considereront dans la personne de M. le Prince de Conti, non seulement l'heritier testamentaire, mais le parent le plus proche de leur dernier Souverain, le Cousin germain de M. le Duc de Longueville, & l'issu de germain de Me de Nemours, qu'ils souhaiteront que le préjudice qu'ils ont fait à la bonne cauſe ſoit reparé & que l'on rende par droit & par Juſtice à M. le Prince de Conti, ce qu'ils n'avoient donné que par dévouëment & par reconnoiſſance à M de Nemours.

Ils ne ſçauront point mauvais gré ſans doute que les meſmes raiſons qui ont ſervi de motifs à leur jugement ſervent à M. le Prince de Conti pour le combatre, & que ce qui en a fait en ce temps là le fondement en faſſe aujourd'huy la nullité.

Ils ont trop de bonne foy pour ne pas reconnoiſtre qu'une douzaine de perſonnes choiſies par Me de Nemours, engagées par avance & par écrit à la ſervir, attachées à ſa perſonne par des emplois ou par des penſions, aſſemblés ſans aucune autorité, & contre toutes les regles de l'Etat n'ont pû ſe donner à eux-meſmes le titre des trois Etats, & ſe conſtituer Juges de la Souveraineté?

Ils reconnoiſtront par la force de la verité que ſans caractere legitime, tous en particulier recuſables, & tous en general recuſés, ils ont ſi peu jugé le droit de M. le Prince de Conti, qu'eux-meſmes ont declaré qu'ils ne l'ont point examiné; que le Teſtament qui étoit ſon titre, n'a point eſté vû ni ouvert; que M. le Prince de Conti, loin de ſe ſoumettre à leur deciſion, a proteſté contre leur aſſemblée comme nulle, & qu'en un mot, ni les Juges n'ont voulu connoître le droit de M. le Prince de Conti, ni M. le Prince de Conti reconnoître les Juges?

Ils ſeront convaincus par leur propre reflexion qu'il n'a pas eſté à leur pouvoir, de leur propre mouvemen

t

de declarer la Souveraineté de Neufchâtel *inaliénable par Testament ou autrement*, quand Mme de Nemours, seule partie contendante, ne le prétendoit pas, quand par la donation qu'elle même venoit d'en faire au Chevalier de Soissons, elle désavoüoit ce faux systême d'inalienabilité, & quand la question n'en estoit même agitée, ny proposée par personne; Qu'il ne leur a pas esté permis de se former cette question à eux-mêmes, & de s'en rendre en même temps les Parties & les Juges?

Peut-on dire en effet qu'en s'érigeant tout à la fois en Auteurs & en Juges de ce systême, ils ayent pris soin de l'aprofondir, quand on verra non seulement par les principes generaux du droit commun, mais par les titres particuliers de Neufchatel, par l'usage & les exemples de tous les temps, que cette inalienabilité prétenduë est une chimere, une idée toute nouvelle, dont, avant les prétendus Etats de 1694, on n'avoit jamais entendu parler, & que cette Souveraineté, loin d'estre inalienable, a esté plusieurs fois alienée par des donations, par des Testamens, & par toutes sortes de dispositions?

Peut-on dire, en un mot, que le droit ait esté jugé quand il n'y a eu ni Juges valablement constitués, ni question proposée, ni moyens expliqués, ni instruction faite, rien enfin de tout ce qui peut faire & la matiere & la forme d'un Jugement?

M. le Prince de Conti vient donc aujourd'huy avec un droit entier, qui n'a jamais esté, ni jugé, ni entendu, ni contesté; il vient exposer son Titre au Public, & aux Peuples même de Neufchatel; il n'a demandé ni en 1694, aprés le decés de M. l'Abbé d'Orleans son Testateur, ni en 1699, aprés l'Arrest confirmatif de son Testament, que la justice d'être entendu dans un Tribunal impartial; il a demandé aux Peuples de Neufchatel, l'assemblée de ce Tribunal dans Neufchatel même; Et il n'est reduit à reclamer encore aujourd'huy pour obtenir enfin la justice qui luy est dûë, que par le refus que la faction de Me de Nemours luy en fit, & par les voyes de fait qu'elle mit en œuvre pour l'empescher.

Si le droit de M. le Prince de Conti n'a esté ni examiné, ni jugé; n'est-il donc pas juste qu'il le soit une fois dans les regles: Dira-t'on *non recevable chose jugée?* Jugera-t'on par fin de non recevoir, un droit qui ne l'a jamais esté par le fond? Et un Prince qui dispute pour une Souveraineté sera-t'il de pire condition qu'un particulier qui contesteroit pour un Champ.

Si l'investiture de Me Nemours *a fait éclat dans toute l'Europe*, (ce sont les termes du Manifeste de Me de Nemours en 1699,) il importe que toute l'Europe détrompée en reconnoisse l'abus & la nullité.

S'il est de *l'ordre public & de la tranquillité des Etats qu'un droit juridiquement decidé ne soit pas remis en question*, il est du mesme ordre public & de la tranquillité des Etats, de decider ce qui ne l'a pas esté, & de ne pas laisser, par cette indecision, aux Princes successeurs, & aux Peuples à venir, une semence perpetuelle de divisions & de differends.

S'il est de la dignité & de l'interest des Souverains de ne permettre pas que l'on trouble une investiture legitime, il n'y va pas moins de l'interest & de la dignité des Souverains, qu'un Prince, appellé par un Titre juste & valable, ne demeure pas dépoüillé par une intrigue, sans estre entendu ; que l'on ne confonde pas une veritable invasion avec une possession legitime ; & qu'en pleine connoissance de cause, on rende le Trône à celuy à qui l'on n'a pû, contre toute sorte de droit, le ravir.

Voilà l'idée generale du Memoire que M. le Prince de Conti expose au Public pour la défense de son droit.

Pour la mettre dans son ordre & dans son jour, on la divisera en trois Parties.

Dans la Premiere, on expliquera, par un recit simple & fidele, tout ce qui a esté fait avant, lors & depuis le Jugement d'investiture du 18 Mars *1699*, soit de la part de M. le Prince de Conti, soit de la part de Me de Nemours, soit de la part des pretendus Etats.

Dans la Seconde, on fera voir les nullitez essentielles de ce Jugement dans la forme, tant par le défaut de pouvoir dans la personne de ceux qui l'ont rendu, que par toute la conduite qu'ils y ont gardée.

Dans la Troisiéme, on attaquera ce Jugement dans son principe, en faisant voir que quand les pretendus Etats ont declaré la Souveraineté de Neufchatel & de Valangin inalienable, ils ont prononcé chose contraire, non seulement à la reconnoissance & à l'intention de Me de Nemours, qui a protesté contre ;

mais à tous les titres les plus autentiques & à la possession la mieux établie dans tous les temps.

PREMIERE PARTIE.

RECIT DE CE QUI S'EST FAIT à Neufchatel, avant, lors & depuis le Jugement du 18 Mars 1694.

MOnseigneur le Prince de Conti, comme heritier institué & legataire universel de M. l'Abbé d'Orleans dernier Duc de Longueville & Comte de Neufchatel, par son Testament du premier Octobre 1668, se crut obligé, aprés le decés de ce Prince arrivé en 1694, d'envoyer à Neufchatel, pour la conservation de ses droits, le Sieur Chevalier d'Angoulesme Porteur de sa Procuration, pour prendre possession de sa Souveraineté.

M. le Prince de Conti avoit pour Titre un Testament; mais il estoit contesté, & il n'a esté confirmé par Arrest diffinitif qu'en 1698. De là Me de Nemours prenoit occasion de publier à Neufchatel, que M. le Prince de Conti venoit sans Titre; que s'il avoit un Testament de 1668 en sa faveur, elle en avoit un autre de 1671, qui le revoquoit; qu'elle estoit l'heritiere legitime; & que l'investiture luy estoit dûë.

M de Nemours avoit pris des mesures de loin pour se faire des creatures à Neufchatel; Elle avoit [illegible] d[illegible] 1672, aprés la mort de M. le [illegible] de [illegible] (laquelle elle disputoit à M. l'Abbé [illegible] frere, cette même Souveraineté) à se [illegible] esprits, & à s'assurer des suffrages. La [illegible] qu'elle avoit euë de M. l'Abbé d'Orleans [illegible] la mort de Mde la Duchesse de Longue- [illegible] pour elle une occasion favorable pour [illegible] encore son parti ; ceux qu'elle avoit établis [illegible] que Mrs les Princes de Condé devenus [illegible] en sa place avoient destitués, estoient au- [illegible] Partisans declarés pour elle contre M. le [illegible]

[illegible] comptant sur ses avantages, elle avoit aussi-tost [illegible] de M. l'Abbé d'Orleans prévenu le [illegible] d'Etat de Neufchatel, par trois Lettres des 5, [illegible] Fevrier 1694, par lesquelles agissant dés lors [illegible], elle leur ordonnoit de ne plus recon- [illegible] le Gouverneur, & de s'assembler sans luy. [illegible] ces ordres, également contraires à la re- gle & à l'usage, cette assemblée d'affidez choisis par Mde de Nemours, tint un Conseil secret hors du Châ- teau, dans une maison particuliere, en l'absence & à l'insçû du Gouverneur, quoique le Conseil d'Etat ne puisse être legitimement convoqué qu'avec sa participation & par son ordre. On y appella les Srs Petitpierre & Chevalier, à qui Me de Nemours avoit donné sceance au Conseil d'Etat pendant le regne de sa curatelle, & qui en avoient esté desti- tuez depuis par Mrs les Princes en la même qualité de Curateurs.

Nª L'adresse de ces Lettres est, *A nos Amez & feaux les Conseillers en nôtre Conseil d'Etat à Neufchatel*, les regardant dés lors côme son Conseil, avant d'être investie ; Et elle leur mande qu'elle ira, non pas demander, mais *prendre la possession & l'investiture de Neufchatel*.

Ces assemblées du Conseil d'Etat tenuës hors du

Château, qui en estoit le Siege naturel, & en l'absence du Gouverneur qui devoit en estre le Chef, furent aussi-tost suivies de deux ordres de Me de Nemours au Gouverneur; l'un de sortir du Comté, l'autre de se retirer du Château. Le Sr Sandos Commissaire General & Conseiller d'Etat, & le Sr Petitpierre nouvellement rétably par Me de Nemours, en furent les porteurs.

Le Geuverneur refusa d'obeïr au premier de ces ordres, *comme n'estant point émané d'un pouvoir legitime ni suffisant*; & il répondit sagement au second, que *pour faire place à Me de Nemours* (qui avoit donné avis de son arrivée) *& pour éviter tous inconveniens, il se retiroit du Château, sans prejudicier à ses droits, dignitez & prerogatives.*

Quoique l'usage ne soit point de faire d'entrée solemnelle à un pretendant, ni de lui donner des marques de la Souveraineté, avant qu'il ait esté reconnu & declaré Souverain; le Conseil d'Etat composé pour la plupart des creatures de Me de Nemours, crut luy faire mieux sa cour en se mettant au-dessus de toutes les formes: Ils allerent en Corps jusques sur la frontiere du Païs pour la recevoir; le St Guy Doyen des Conseillers d'Etat à leur tête, la harangua au nom de tous, avec les protestations de fidelité, qui ne se font qu'au Souverain déja reconnu.

Le lendemain le Sr Hory Conseiller d'Etat, à la tête des Milices de Gorgier & Chatelenie de Boudry, postées environ à deux lieuës de Neufchatel, luy fit une pareille harangue, avec les mêmes protestations de fidelité, & luy remit en main la Banniere,

comme

[illegible] marque de la puissance Souveraine : Elle fut [illegible] ensuite dans la Ville suivant l'ordre qu'elle [illegible] donné, avec tous les honneurs publics qu'on a coûtume de rendre aux Princes de Neufchatel reconnus & investis. On prit même soin d'attacher [illegible] portes de la Ville & du Château, pour le faire connoître par avance aux Peuples comme [illegible], & pour ne leur permettre pas d'en douter.

[illegible] estant ainsi arrivée à Neufchatel, on donna les ordres pour la ceremonie de l'investiture, qui auroit dû préceder ; on convoqua pour cela l'assemblée des trois Etats au 18 Mars, jour de l'échéance des six semaines aprés la mort de M. l'Abbé d'Orleans, & dans cette convocation on méprisa toutes les regles.

Il n'y a que le Souverain, & en son absence, ou dans l'interregne, le Gouverneur seul, qui ait droit de convoquer les trois Etats. Celuy qui estoit pourvû de ce titre n'en estoit point dépoüillé ; il n'y avoit point d'autre Gouverneur établi en son lieu. S'il avoit laissé la place à Mᵉ de Nemours dans le Château, par respect pour sa personne, & *pour prévenir tous inconveniens*, loin de se dépoüiller par là de sa qualité, ni de ses droits de Gouverneur, il les avoit expressément reservés par sa réponse cy-dessus rapportée ; il estoit resté dans la Ville, & Mᵉ de Nemours ni le Conseil d'Etat ne pouvoient se servir du pretexte de son absence.

Nª. Ce sont les termes de la réponse que le Gouverneur fit à la sommation de Mᵉ de Nemours.

Mais comme on avoit commencé à se mettre au dessus des regles, on continua de même à n'en suivre

B

[illegible]me, les Conseillers d'Etat se donnerent eux-mêmes le pouvoir du Gouverneur; ils s'assemblerent de leur autorité pour ordonner la convocation des trois Etats, & pour s'ériger eux-mêmes en Juges de la Souveraineté; ils se distribuerent les dignitez & les places les uns aux autres; l'un se nomma President; l'autre se fit Chancelier & Procureur General tout ensemble; cinq autres prirent la qualité de Juges: Ensorte que de huit Conseillers dont tout le Conseil d'Etat estoit composé, il ne resta sans employ que le sieur Baron de Grandcourt qu'on trouva à propos, sans aucune cause legitime, de recuser.

Ce ne fut pas assez d'exclure le Gouverneur, quoique President né de toutes les assemblées des trois Etats; on donna la même exclusion à deux autres qui devoient régulierement en estre, sçavoir au Sr de Grandcourt dont on vient de parler, & au sieur d'Affry Chatelain du Vautravers.

Le premier Etat qui est celuy de la Noblesse, est ordinairement composé des quatre premiers Conseillers d'Etat ou Vassaux du Comté; & le Sr de Grandcourt réünissoit en sa personne l'une & l'autre qualité.

Le second Etat est composé de quatre Chatelains, & le sieur d'Affry comme Chatelain du Vautravers y tenoit le second rang.

Mr de Nemours avoit déja de sa propre autorité exclu le dernier, en luy interdisant l'entrée du Comté; on crut luy plaire en excluant aussi l'autre par une declaration de cette assemblée, sans en dire aucune raison; & le seul motif estoit sans doute, que [illegible] ; & l'autre oncle du sieur d'Affry Gouverneur, & que par cette raison l'on vouloit également les exclure.

Le Gouverneur informé de cette assemblée abusive, [illegible] qu'ayant esté convoqués sans sa permission, [illegible] les droits de sa Charge, de ce qui [illegible] toujours pratiqué dans ces occasions, & même des resolutions qui avoient esté nouvellement prises, il declara l'assemblée illegitime, il protestoit contre ce qui avoit [illegible] [illegible] protestation fut notifiée au President par un Notaire de Fribourg qui luy en laissa copie.

Les protestations du Gouverneur ne furent pas [illegible], les Deputés des Cantons de Fribourg & de Soleure qui assistoient à cette assemblée, en reconnurent l'incompetence & la partialité ; Ils s'éleverent contre l'exclusion qu'on avoit donnée au sieur Baron de Grandcour, comme contraire à leur droit de combourgeoisie & aux prerogatives des Vassaux ; Ils protesterent au nom de leurs Seigneurs & Superieurs, de nullité de tout ce qui seroit fait dans ce pretendu Tribunal, declarant expressément que *Mrs les Assesseurs se faisant Juges & Parties, ils ne pouvoient point les reconnoitre pour Juges competens.* Ces protestations sont au long inserées dans le pretendu Jugement du 18 Mars 1694.

Le sieur Chevalier d'Angoulesme n'eut garde d'exposer les droits de M. le Prince de Conti à la décision d'un Tribunal si abusivement étably : Il se contenta, en paroissant dans cette assemblée, d'y faire lecture de sa Procuration, & d'y exhiber l'expedition du Testament, sans s'en dessaisir & sans en faire l'ouverture; pour faire connoître seulement qu'il ne venoit ni sans aveu ni sans titre. Il declara en même temps, qu'il ne connoissoit point ce Conseil comme canonique, & protesta de nullité de tout ce qui avoit esté fait & pourroit encore se faire au prejudice des droits de M. le Prince de Conti.

Toutes ces protestations n'arresterent point un dessein ouvertement concerté; on passa outre, & on prononça l'investiture en faveur de Me de Nemours en ces termes: *Mrs des trois Etats ont donné à S. A. S. Madame la Duchesse de Nemours l'investiture de cette Souveraineté, appartenances & dépendances; comme estant la sœur unique & la principale heritiere de S. A. S. Monseigneur le Duc de Longueville nôtre Souverain Prince dernier decedé. Et à l'égard de la demande de la possession & investiture que M. le Chevalier d'Angoulesme a faite au nom de S. A. S. Monseigneur le Prince de Conti en vertu d'un Testament prétendu; on n'y peut avoir aucun égard; non seulement parce qu'il n'a pas esté ouvert ni lû, mais principalement parce que la Souveraineté ne peut estre aliénée par Testament ni autrement, suivant la nature & constitution de l'Etat, & l'usage toûjours pratiqué touchant la succession de ce Pays. Et quant à la protestation faite par ledit sieur Chevalier d'Angoulesme; Mrs des trois Etats la mettent à neant, comme estant informe & irreguliere, faite contre la puissance publique, les franchises & libertez du Pays, prejudiciable à l'ordre judiciaire pratiqué de tous temps & autorité des trois Etats, qui sont les Juges naturels & incontestables en ces sortes de cas.*

[illegible] dans la seconde & dans la troisiéme partie qu'on fera les reflexions necessaires sur cette prononciation & sur ses motifs, l'on ne s'attache dans celle-cy qu'à suivre simplement l'histoire du fait.

Mme de Nemours contente de l'investiture que sa partie sollicitoit, encore plus satisfaite de la declaration de ces Juges, *qu'on ne pouvoit avoir égard à la demande faite par le Chevalier d'Angoulesme pour M. le Prince de Conty*, & plus charmée encore de la maniere dont on traitoit les protestations de ce Prince à neant, ne donna pas la mesme approbation à la raison qu'ils ajoûtoient, & dont ils firent une decision: *que la Souveraineté ne pouvoit estre alienée par Testament* [illegible]. Cette prononciation d'inalienabilité la choqua; elle s'écria deux ou trois fois en presence de toute l'assemblée, *Je proteste, je proteste*, & elle fit assembler deux jours aprés les douze Juges, pour les engager à retrancher ces derniers termes de la sentence, à laquelle ils crurent alors, pour l'interest mesme de Mme de Nemours, ne devoir pas toucher.

Mme de Nemours reconnut bien que la conduite qui avoit esté tenue dans ce Jugement pourroit un jour [illegible] des contradicteurs; que les Cantons alliez de Fribourg & de Soleure indignez de l'exclusion donnée au sieur [illegible] & du mépris qu'on avoit fait de leurs remontrances & de leurs protestations, pourroient dans un autre temps former un parti contre elle, & appuyer la bonne cause de leurs suffrages. Elle crut les appaiser par un Acte qu'elle leur envoya le 26 Avril 1694, un mois aprés son Jugement d'investiture, par lequel reconnoissant elle-mesme le defaut de cette conduite, & la justice des plaintes que ces Cantons en faisoient; Elle declara *qu'il ne sera donné atteinte aux Charges, droits & prérogatives des Combourgeois des quatre Cantons, ni à leurs Sceances aux Audiences & trois Etats, dont ils joüiront, non comme Etrangers, mais comme bien-aimez Combourgeois avec tous les droits, avantages & honneurs qu'ils ont eu jusques alors. Et que si quelqu'un entreprenoit de les y troubler à l'avenir en l'absence des Princes, interregnes ou autres cas, que les Audiences ayent à les y maintenir, s'il est de requis.*

Nª Par cet Acte M. de Nemours desavoüe elle-mesme le procedé des Etats de 1694, qui avoient exclus par leur Jugement le sieur Baron de Grandcourt, quoi-que Vassal & Combourgeois de Neufchatel.

Telle est l'histoire de ce qui se passa lors & à l'occasion du Jugement du 18. Mars 1694.

Le Titre de M. le Prince de Conti qui estoit contesté dans ce temps-là, a esté depuis confirmé par l'Arrest solemnel du Parlement, du 13 Decembre 1698, par lequel, *sans avoir égard au second Testament de M. l'Abbé d'Orleans de l'année 1671, qui a esté declaré nul, on a ordonné que celuy de l'année 1668, qui instituoit M. le Prince de Conti heritier universel sera executé.*

M. le Prince de Conti crut alors qu'on n'auroit plus de prétexte à Neufchatel pour luy refuser la justice qu'il avoit droit d'esperer. Il obtint du Roy la permission d'aller en Suisse pour y faire valoir ses droits; il écrivit aux Cantons alliez de Neufchatel, au Conseil d'Etat, & au Magistrat de la Ville, pour luy apprendre qu'il estoit heritier declaré par Arrest, du dernier Souverain de Neufchatel & pour les disposer à le reconnoistre comme son legitime successeur.

Ces Lettres pleines de sentimens d'une sincere affection, exciterent les mouvemens des creatures [illegible] de Nemours qui gouvernoient à Neufchatel: Ils [illegible] des [illegible] pour s'opposer à la justice qui [illegible] à M. le Prince de Conti.

Leur [illegible] soin fut, de faire entrer dans Neufchatel une garnison Bernoise pour les appuyer. Doutant [illegible] du droit de Mr de Nemours, ils appellerent en même temps, tous ceux qui auroient pû pretendre après elle à la Souveraineté de Neufchatel, s'il n'y avoit point eu de Testament.

[illegible] le Prince de Conti passe sous silence les mauvais discours qui furent semez, & les Lettres calomnieuses qui furent répanduës pour aliener les esprits, & pour revolter les [illegible].

Le Conseil de la Ville estoit si bien disposé d'a[illegible] justice, que par la Lettre qu'ils écrivirent à M. le Prince de Conti pour réponse à la sienne, ils luy declarerent, *que lorsque les trois Etats seroient legitimement convoquez, ils nommeroient & députeroient leurs Juges pour y composer le tiers Etat.* Ils ne pouvoient mieux témoigner qu'ils reconnoissoient la [illegible] du jugement du 18 Mars 1694, qu'en offrant de députer leurs Juges pour l'assemblée d'un [illegible] Tribunal.

Le [illegible] le plus assuré pour le bien de la justice, le plus convenable à la dignité des contendans, & en même temps le plus honorable aux Etats de Neufchatel, estoit de composer chez eux-mêmes un Tribunal impartial, pour décider du differend entre M. le Prince de Conti & Me de Nemours. Ce fut aussi le moyen que la sagesse du Roy trouva le plus juste, & que S. M. ordonna à M. de Puysieux son Ambassadeur, de proposer.

Me de Nemours avoit cru prévenir les Cantons alliez en sa faveur, & les engager à soûtenir son investiture, contre le droit de M. le Prince de Conti. Elle les fit assembler à Bienne au mois de Janvier 1699, pour déliberer sur la conjoncture ; mais les déliberations n'eurent pas pour elle tout le succés dont elle s'étoit flatée.

Les Deputez de Fribourg & de Soleure, loin d'appuyer son entreprise de leurs suffrages ; declarerent, *qu'il falloit procurer justice à M. le Prince de Conti, & luy faire avoir les Titres & Documens qu'il desiroit ; que l'investiture de Me de Nemours n'avoit pas esté donnée en forme.* Ceux de Soleure ajoûtoient, *qu'ils n'approuvoient & ne reconnoissoient point cette investiture pour legitime, & ne l'approuveroient jamais ; tellement que cette investiture, sur laquelle on pretend établir sa reconnoissance, estant irreguliere, il s'ensuit que les fondemens en sont ruineux & tombent de soy-même ; que lors qu'ils ont reconnu ladite Dame Duchesse de Nemours, ce n'est point en consequence de ladite investiture, mais parce qu'il n'y avoit aucun pretendant legitime comme à present, puisque le Testament fait en faveur de M. le Prince de Conti estoit alors contesté. Que d'ailleurs la reconnoissance que les loüables Cantons alliez ont faite de Me de Nemours ne peut point préjudicier au droit de ce Prince, ni fortifier celuy de cette Duchesse, &c.*

Mr de Puysieux presenta à Neufchatel un Memoire de la part du Roy, pour demander un Tribunal impartial ; l'entremise officieuse de Sa Majesté auroit eu tout le succés qu'on en devoit attendre, si les Partisans de Me de Nemours ne s'y estoient pas opposez.

Le

et le refus d'un remede si salutaire, parut à la plus saine partie des Neufchatelois, un déni de Justice si formel, & si dangereux pour les consequences, qu'un nombre considerable des plus qualifiez & des plus notables, descendans aux sages motifs du Memoire de M. de Puysieux, crurent devoir à la Justice & au bien public la declaration qu'ils signerent au pied de ce Memoire en ces termes.

Nous soussignez Bourgeois de Neufchatel, pour les raisons & motifs contenus au Memoire cy-dessus, & pour nous mettre à couvert des maux qu'un déni de Justice pourroit nous causer, sommes d'avis qu'on doit faire justice [illegible] sur les Terres de [illegible] que nous contribuerons de tout nostre pouvoir [illegible]

[illegible] Neufchatelois, la plus part de noblesse & de distinction dans le Païs, la souscrivirent dans un instant; Ils deputerent douze d'entr'eux de tous les ordres, de la Noblesse, des Officiers de Seigneurie, des Maîtres Bourgeois, du Grand Conseil & du Peuple, pour porter à M. l'Ambassadeur la liste de ceux qui avoient signé cette declaration, & pour l'assurer que la plus part de la Bourgeoisie estoit dans le même sentiment. En effet ces premieres souscriptions furent aussi-tost suivies de plusieurs autres, tant de la Ville que du Païs. Tout parut si bien disposé à remettre les choses en regle, que le Roy trouva bon que M. le Prince de Conti se servit du sieur d'Affry, Gouverneur de Neufchatel, pour convoquer les trois Etats. Les Juges des trois ordres furent nommez, & le jour fut marqué pour l'assemblée.

Mr de Nemours & ses affidez, qui regardoient le Tribunal impartial comme un coup fatal à leurs desseins, mirent tout en usage pour l'empêcher; On destitua de leurs emplois un nombre d'Officiers des plus considerables qui avoient signé; On emprisona des Gens de Justice & des Particuliers; On exerça tout ce qu'on peut imaginer de menaces & de voyes extraordinaires contre les autres, pour arrêter par ces exemples le cours des signatures & l'execution de la convocation nouvelle qu'on craignoit tant.

Enfin, les mal intentionez, qui avoient leurs vûës particulieres, employerent un moyen extrême qu'ils avoient reservé pour le dernier; ils firent agir ouvertement le Roy Guillaume d'Angleterre, qui ne s'étoit point encore declaré jusqu'alors, & pour lequel on formoit de longue main des intrigues secretes: Le sieur d'Hervart son Envoyé, parut à Neufchatel pour s'opposer à l'assemblée de ce Tribunal, & l'on y fit entrer des Troupes de milices pour le soûtenir.

Le sieur d'Hervart presenta ses Memoires à M. le Prince de Conti, à Me de Nemours, au Conseil d'Etat, à celuy de la Ville & aux Cantons alliez, dans lesquels il exposoit, *que l'on n'ignoroit pas que S. M. B. n'eut des droits sur le Comté de Neufchatel & ses dépendances; que ses Ministres au Traité de Riswick, en avoient donné connoissance aux Plenipotentiaires de S. M. T. C. qu'elle avoit bien voulu faire comprendre expressément ce Païs dans le Traité de Paix; & que pour en assurer d'autant mieux la tranquilité, Elle avoit bien voulu aussi differer à faire valoir ces mêmes droits, quoyque tres-legitimes, jusqu'aprés la mort de Me de Nemours, investie de cette Souveraineté depuis cinq* [illegible] le [illegible] formé par M. le Prince de Conti de [illegible] convoquer un Tribunal pendant la vie de Mr. de [Nemours], [illegible] selon les ordres de S. M. [illegible] [illegible] S. M. ne pouvoit regarder cette convocation, que comme préjudiciable à ses droits, contraire aux Loix & Coûtumes de ce Païs, & un moyen pour en banir le calme & la tranquilité publique, &c.

Rien ne marque mieux le [illegible] que le discours de ces Envoyés. Le Roy d'Angleterre prétend avoir des droits sur le Comté de Neufchatel, mais il ne veut que les faire valoir contre Mr de Nemours; c'est [illegible] qu'il luy offre contre M. le Prince de Conti, pour empêcher qu'il ne soit convoqué un Tribunal du vivant de cette Duchesse; c'est une ligue recherchée par Mr de Nemours pour [illegible] un nouveau droit par le secours d'un [illegible] [illegible], & par la faction d'un Prince étranger, qui n'auroit pas préferé sans doute l'interest de Mr de Nemours au sien propre, s'il en avoit eu un legitime.

Les Partisans de Mr de Nemours se sentant appuyez du Roy Guillaume d'Angleterre & des Troupes introduites dans Neufchatel, s'abandonnerent à de tels excés contre ceux, qui suivant le desir du Roy, avoient esté d'avis de la convocation d'un Tribunal impartial, que S. M. voulant en prévenir les dangereuses suites, jugea à propos de r'appeller M. le Prince de Conti, en lui permettant neanmoins de faire avant son départ les protestations necessaires pour la conservation de ses droits.

M. le Prince de Conti obéïssant à la volonté du

Roy, declara aux quatre Ministraux, Bannerets & Maîtres des Clefs, qui sont les Magistrats de la Ville de Neufchatel, *que bien loin d'abandonner par son départ la poursuite de ses droits legitimes, il protestoit de la maniere la plus expresse de nullité, de tout ce qui pourroit estre fait à son préjudice, en attendant le temps & l'occasion de se faire rendre la justice qui luy étoit dûë, dont & dequoy S. A. S. les requit & les somma de se souvenir.*

C'est ainsi que Mᵉ de Nemours s'est fait donner en 1694 l'investiture de la Souveraineté de Neufchatel ; c'est ainsi qu'elle s'y est maintenuë en 1699, & depuis 1699, jusqu'à present : mais quel étoit son droit, & quel est le Titre de cette possession.

Dira-t-on que Mᵉ de Nemours avoit pour elle le titre d'heritiere, le droit du sang ? Mais la maxime est constante en tout Païs, que la disposition de l'homme fait cesser la disposition de la Loy, & que l'heritier de la Loy cede la place à l'heritier du Testament.

Dira-t-on que c'est le Testament de 1671, fait en sa faveur, qui a revoqué celuy de 1668, fait en faveur de M. le Prince de Conti ? Mais le Testament de 1671 a esté declaré nul, & celuy de 1668 confirmé par l'Arrest solemnel du Parlement du 13 Decembre 1698.

Dira-t-on que c'est en vertu du droit d'inalienabilité, qui rendant toute disposition nulle à l'egard de la Souveraineté, la defere à l'heritier du sang ? Mais Mᵉ de Nemours elle-même a rejetté cette inalienabilité pretenduë, comme une chimere ; elle-même a disposé de la Souveraineté par donation en faveur du Chevalier de Soissons.

Il faut donc que l'on avoue, qu'à raisonner sur le propre systême de Me de Nemours, elle estoit sans droit & sans titre ; puisque d'un côté la Souveraineté de Neufchatel selon elle-même, est de libre disposition, & que de l'autre M. le Prince de Conti avoit pour titre une disposition confirmée avec elle par un Arrest.

Si les pretendus trois Etats avoient decidé du droit de Me de Nemours selon ses propres principes, (comme ils l'auroient dû faire, & comme des Juges amis de la regle l'auroient fait) ils auroient dû luy refuser dés lors l'investiture, ou la suspendre jusqu'à la decision des deux Testamens, qui estoient alors respectivement contestez.

Mais par-là tous les projets seroient échoüez ; Me de Nemours ne seroit pas parvenuë à la possession de la Souveraineté qu'elle s'estoit fait promettre par avance, Et ceux qui l'en avoient asseurée auroient perdu tout le fruit de leur complaisance & de leur dévoûment.

On n'a pû trouver d'autre moyen pour donner satisfaction à Me de Nemours & pour meriter sa reconnoissance, que d'imaginer la doctrine de l'inalienabilité, jusqu'alors inconnuë à Neufchatel, & de prononcer contre le propre sentiment de Me de Nemours, *que cette Souveraineté ne peut estre alienée par Testament ny autrement.* C'est par ce paradoxe que, sans considerer aucun des Testamens, on investit Me de Nemours, *comme sœur & plus proche heritiere de Mr l'Abbé d'Orléans.*

Qu'importe à Me de Nemours, quand elle obtient l'investiture, par quel principe, ou par quel prétexte ? On verra dans la seconde Partie, comment cette Princesse a sçû faire changer les décisions, selon les vûës & selon les temps. Elle esperoit bien ménager pour ceux qu'elle voudroit mettre à sa place, les mêmes suffrages qu'elle avoit sçû ménager pour elle ; Et ce qui a esté inalienable quand il a esté question de luy donner l'investiture, elle se flatoit de le rendre alienable quand il s'agiroit de la donner au successeur qu'elle auroit choisi.

En effet, à peine les prétendus Etats eurent prononcé l'inalienabilité, comme le seul pretexte qu'ils avoient imaginé, pour exclure M. le Prince de Conti, & pour investir Me de Nemours, qu'ils commencerent à donner eux-mêmes atteinte, en sa faveur, à leur propre décision.

Car on remarque dans l'acte d'assemblée du même jour 18 Mars 1694, que le Procureur de M. le Marquis de Bade, *ayant prié M^rs des trois Etats de rendre un tel Jugement entre les Parties, par lequel toute alienation fut empêchée*, Me de Nemours bien informée du jugement projetté & concerté en sa faveur, garda le silence sur ce point, jusqu'à ce que son investiture fut prononcée ; mais aussi-tost aprés, elle fit des protestations contre cette instance de M. le Marquis de Bade, *aux fins qu'elle ne pût nuire ny donner aucune atteinte à ses droits ; Et ayant demandé que sa protestation fut redigée, & d'en avoir acte, M^rs des trois Etats le luy ont adjugé.* Ce sont les termes.

Or M. le Marquis de Bade ne s'opposoit point à l'investiture de Me de Nemours ; l'investiture estoit elle même déja prononcée : il est donc évident que cette protestation de Me de Nemours, contre l'instance de Me de Bade, n'avoit d'autre objet que le dessein formé d'aliener, dont elle vouloit se conserver le droit. Les pretendus Etats, qui n'avoient d'autre veuë que de luy plaire & de s'assurer ses bonnes graces, étoient parvenus à leur fin, en éloignant M. le Prince de Conty, & en mettant Me de Nemours en possession ; ils avoient fait de leur chimere d'inalienabilité, tout l'usage qu'ils en vouloient faire ; ils se soucioient peu de ce qui pourroit en arriver dans un autre temps ; ils se flatoient même que Me de Nemours se choisissant un successeur, ne manqueroit pas, par reconnoissance de leur zele, de leur acquerir sa protection & sa faveur. Ainsi ces Juges politiques ne firent point scrupule de recevoir les protestations de Me de Nemours contre leur propre décision ; ils luy en donnerent acte, & l'on en vit bientost après l'effet, par le Contract de mariage du Chevalier de Soissons, où se moquant elle-même de l'inalienabilité, qui avoit servy de fondement, ou pour mieux dire, de pretexte à son investiture, elle confirma & renouvella la donation, qu'elle luy avoit faite dés auparavant, des Comtez de Neufchatel & Valangin.

Telle est l'histoire fidele de tout ce qui s'est fait avant, lors & depuis ce Jugement des pretendus Etats: Et comment ce pretendu Jugement se soûtiendra-t-il, soit par la forme, soit par le fond, dans un Tribunal où le droit sera examiné, & où les regles seront écoutées ?

Dans la forme, on ne vit jamais tant de nullitez,

ny de si essentielles dans une affaire, qui plus elle estoit importante, plus elle demandoit d'exactitude & d'attention.

Dans le fond, on trouvera que le principe de la décision est une erreur de droit & de fait tout ensemble; que l'inalienabilité pretenduë n'a aucun fondement, ny dans le droit commun, ny dans la constitution particuliere de cet Etat, ny dans l'usage toûjours pratiqué dans la succession de ce Païs, comme on l'a supposé dans ce Jugement. Et qu'au contraire la liberté d'aliener & de disposer sera prouvée plus clair que le jour par les exemples.

Il faut commencer par les nullitez de la forme.

SECONDE PARTIE.

NULLITEZ DU PRETENDU Jugement du 18 Mars 1694, dans la forme.

QUoyque la premiere & la plus essentielle de toutes les nullitez, soit le défaut de pouvoir; M. le Prince de Conti a toûjours eu la circonspection de ne point attaquer celuy des trois Etats en general, lorsqu'ils sont legitimement convoquez.

Quand le Chevalier d'Angoulesme porteur de sa Procuration protesta contre l'assemblée de 1694, il n'imita pas la conduite que Me de Nemours avoit tenuë en 1672, à l'égard des Etats.

Il ne leur dit pas comme elle, *que s'agissant d'une Souveraineté, eux qui n'estoient que des Sujets, n'en pouvoient connoître*

Ce sont les termes de la Procuration donnée par Me de Nemours au Sr de *connoître, ny pretendre qu'elle fut soûmise à leur jugement.*

Il n'entra pas comme elle dans une dissertation historique de la difference établie à Neufchatel entre le pouvoir *des Etats, & celuy des Audiences generales.*

Il ne s'attacha pas à la difference, quoyque veritable & essentielle, entre le simple pouvoir de donner la mise en possession, qui suppose le droit du Souverain certain, reconnu & non contesté, & celuy de juger du droit même de la Souveraineté entre des Successeurs contestans.

Molondin le 8 Octobre 1672, dont la lecture fut faite aux Etats assemblez le 27 du même mois. Ce sont aussi les termes de la lettre qu'elle écrivit à Mrs de Berne le 12 Decembre de la même année 1672.

Il s'abstint même alors de tirer avantage de l'exemple de Me de Nemours, qui ne se croyant point liée par le Jugement des trois Etats de 1672, comme rendu par des Juges incompetens, fit juger tout de nouveau par le Roy, la contestation qui estoit entre elle & Me de Longueville, comme Curatrice de M. l'Abbé d'Orleans, au sujet de la Souveraineté.

M. le Prince de Conti n'ignoroit ni ces Loix ni ces usages; mais par une inclination qui luy est naturelle, d'accorder ses égards avec ses droits, il a toûjours évité de faire rien servir á sa defense, qui put faire quelque peine, soit à Mrs de Neufchatel, soit à M^rs des trois Etats.

Ce fut dans cet esprit, que quand ce Prince vint luy-même en *1699*, (aprés avoir obtenu par Arrest du Parlement, la confirmation du Testament qui est son Titre) demander à Neufchatel la justice qui luy avoit esté refusée en *1694*, loin d'insulter (comme autrefois Me de Nemours) à l'incompetence des Etats, il ne demanda qu'une assemblée nouvelle des Etats mêmes, convoquée dans les formes, & com-

D

posée de Juges non suspects ; il ne rechercha point un Tribunal étranger, il ne desira qu'un Tribunal impartial, dans le sein du Pays & dans Neufchatel même, & consentit de porter sa plainte des Etats mal convoquez aux Etats mieux convoquez.

On a vû dans la premiere Partie comment plusieurs des plus notables & des plus amis de la regle y avoient souscrit ; comment les autres aveuglément devoüez à Me de Nemours s'y estoient opposez à force ouverte ; & comment par cette resistance le droit de la Souveraineté est demeuré jusqu'à present indecis.

Quelle difference entre la conduite que tenoit Me de Nemours en 1652. & celle que M. le Prince de Conti a toûjours gardée ? Me de Nemours ne se soumit à un autre Tribunal, que parce qu'elle ne voulut pas reconnoître les Etats pour Juges ; & M. le Prince de Conti au contraire, n'est reduit à la necessité de se pourvoir, que sur le refus qu'on luy a fait d'une assemblée legitime des Etats, & sur les mauvais moyens qu'on a employez pour l'empêcher.

M. le Prince de Conti ne vient donc point agiter dans ce Memoire la question du pouvoir des Etats en general : Il se contente d'attaquer celuy des prétendus Etats du 18 Mars 1694, en particulier, & l'irregularité de tout ce qui s'y est fait contre son droit.

Des Etats qui n'ont pas esté canoniquement convoquez, n'ont pû se donner à eux-mêmes le nom d'Etats, ni rendre un Jugement legitime.

Des Juges qui avoient engagé par avance leurs suffrages & leur foy à l'un des interessez, par des

Actes publics & par des protestations de fidelité ne pouvoient plus estre reconnus par l'autre, ni décider du droit entre les contendans.

Des Juges recusez, qui ont jugé au préjudice de la recusation, sans attendre le recusant, & sans avoir connu son droit, n'ont pû prononcer contre luy une décision qui subsiste.

Des Juges enfin, qui ont formé de leur propre mouvement une question d'inalienabilité, qui n'estoit proposée ni prétenduë par aucun des contendans, qui se sont declarez les Auteurs & à proprement parler les Parties sur cette question, n'ont pû en même temps s'en rendre les Juges, moins encore la décider sans entendre les raisons contraires.

PREMIERE NULLITE' DANS LA FORME.

Deffaut de convocation valable.

C'est une Loy fondamentale à Neufchatel, que le droit de convoquer les trois Etats appartient au seul Souverain, ou en son absence & à son deffaut, au Gouverneur qui le represente. Jamais le Conseil d'Etat n'a prétendu s'attribuer ce pouvoir; & comment auroit-il pû le prétendre ? puisque ce Conseil ne fait point à Neufchatel un Corps qui subsiste par soy-même, que le nombre des Conseillers qui le composent n'est point fixe, qu'il dépend du Prince d'en avoir ou de n'en avoir point, qu'en un mot c'est simplement le Conseil du Prince; que c'est luy seul qui le compose & qui l'assemble comme il luy plaîst, ou au Gouverneur qui tient sa place.

Le ſieur d'Affry eſtoit établi Gouverneur dés l'année 1686; il eſtoit preſent à Neufchatel, comme on l'a obſervé dans le fait : la puiſſance publique reſidoit en ſa perſonne, comme attachée à ſa dignité. Le Gouverneur eſt Preſident né des Etats; il y a même droit de ſuffrage déciſif quand les voix ſont myparties : Ainſi le ſieur d'Affry avoit ſeul droit de convoquer les Etats, & d'y préſider.

Contre ce droit public, douze Particuliers s'aſſemblent, ſans ordre & ſans permiſſion du Gouverneur : Ils s'y convoquent eux-mêmes de leur propre autorité, ils ſe diſtribuent les emplois, ils ſe donnent le titre *des trois Etats*. Le ſieur Guy, l'un des Conſeillers d'Etat, s'empare de la Preſidence, ſe ſaiſit du bâton de commandement, & s'arroge à luy-même toute la fonction, qui ne pouvoit appartenir qu'au Gouverneur : On met à la place du ſieur d'Affry Châtelain du Vautravers (quoique par ſa Charge Juge né du ſecond ordre) le ſieur du Terraut ſon Lieutenant.

On ne peut dénier la regle, & on eſt reduit à dire pour s'en excuſer, que le Gouverneur ayant eſté établi par un Curateur, ſa commiſſion avoit pris fin par la mort du Prince qui eſtoit ſous la curatelle; que par conſequent il n'eſtoit plus en pouvoir de convoquer les Etats, ni les Etats obligez d'attendre ſes ordres pour s'aſſembler.

Cette propoſition eſt une erreur également contraire aux maximes & à l'uſage : La curatelle finit ſans doute par le decés du mineur ou de l'imbecile; mais les Actes qui ont eſté faits dans le cours de la curatelle subsistent. Tout ce qui est fait par un Curateur, dans son administration, est consideré comme fait par la personne même, dont il est curateur : S'il a fait des baux, s'il a institué des Officiers, s'il a passé des Contrats, c'est comme si la personne même majeure & libre l'avoit fait.

L'Officier établi du vivant du Prince mineur ou imbecile, quoique par un Tuteur ou un Curateur, demeure toûjours Officier jusqu'à ce qu'un autre Souverain valablement reconnu, le destituë & en mette un autre à sa place. Si le Souverain Successeur ne le revoque pas, il continuë sa fonction sans avoir besoin d'un nouveau Titre : Il la continuë à plus forte raison dans l'interregne, & dans un temps où il n'y a encore personne qui soit en état de le dépoüiller de sa dignité, ni d'en revêtir un autre.

Tel est l'usage universel de toutes les Seigneuries & de tous les Etats : Tel est aussi l'usage particulier de Neufchatel.

Aprés la mort de François d'Orleans en 1551, George de Rive, qui avoit esté établi Gouverneur de Neufchatel par Claude de Guise ayeul maternel & Tuteur de ce Prince, continua les fonctions de sa Charge jusqu'à son decés. La mort de ce Prince mineur, qui fit cesser la fonction du Tuteur, ne fit point cesser celle du Gouverneur institué pendant la tutelle. Et quoyque Jacqueline de Roüen, mere de Leonor d'Orleans, l'un des prétendans à la Souveraineté, regardât George de Rive comme suspect, qu'elle l'accusât de partialité, qu'elle fist des protestations contre luy, qu'elle se plaignît à Berne de ce qu'il favorisoit Jacques de Savoye Duc de Nemours l'autre Prétendant ; il ne fut pourtant point recusé, & il demeura Chef & President des Audiences generales, où le droit de ces contendans fut décidé.

Aprés la mort de Leonor d'Orleans en 1573, Jean-Jacques de Bonstetten qui avoit esté fait Gouverneur, en continua de même les fonctions jusqu'en 1576 qu'il mourut.

M. le Comte de S. Pol estant mort au mois de Juin 1672, François-Pierre d'Affry continua l'exercice de sa Charge de Gouverneur, jusqu'à ce que Me la Duchesse de Nemours ayant obtenu du Roy la Curatelle de M. l'Abbé d'Orleans, trouva à propos de l'en destituer.

Voici un dernier exemple qui ne peut estre desavoüé ni contredit. Des Juges qui composoient l'Assemblée du 18 Mars 1694, quatre avoient esté instituez dans leurs Offices par les mêmes Curateurs, qui avoient pourvû le sieur d'Affry Gouverneur ; sçavoir, les sieurs de Montmolin, Bergeon, Vallier & Brun ; tous les autres avoient de même esté établis pendant les autres Curatelles.

Or s'il estoit vray, que les Charges fussent éteintes de plein droit par la mort du Souverain ; il faudroit dire que celles des Conseillers d'Etat, beaucoup inferieures à celle de Gouverneur, l'auroient esté : les membres moins nobles sans doute que le Chef, n'auroient pas esté de meilleure condition que luy ; tous également établis par des Curateurs ou des Curatrices de M. l'Abbé d'Orleans, ils seroient tous également demeurez sans pouvoir & sans fonction. De quel droit donc, ces Conseillers d'Etat auroient-ils pû en 1694. convoquer les trois Etats? Et privez, selon ce faux systême, de leur propre fonction, comment auroient-ils pû s'arroger celle de Gouverneur?

Il faut donc que l'on avoüe que cette convocation, de quelque côté qu'on la regarde, est manifestement incompetante: Car si les Offices ont cessé avec la curatelle, par la mort de M. l'Abbé d'Orleans dernier Souverain, ces Conseillers d'Etat ne l'estant plus, n'ont pû par consequent ni convoquer les autres, ni s'assembler eux-mêmes. Si au contraire les Offices n'ont pas cessé, c'estoit donc au Gouverneur à convoquer & à presider; & nul autre n'a pû, sans violer les Loix, s'en donner l'autorité.

SECONDE NULLITE' DANS LA FORME.

Jugement rendu par des Juges qui avoient engagé leur foy.

De toutes les causes d'exclusion dans un Juge, la plus considerable est l'engagement de sa foy & de son suffrage en faveur de l'une des Parties.

Qu'un simple témoin ait donné un Certificat, ou qu'il ait esté entendu auparavant sur un fait, il ne peut plus estre receu pour témoin valable du même fait. Qu'un Juge ait ouvert son avis avant le Jugement, il n'en faut pas davantage pour le recuser.

Les Juges dont l'assemblée du 18 Mars 1694, fut composée, estoient beaucoup plus engagez que le témoin qui auroit donné un Certificat, & que le Juge qui auroit ouvert son avis. Six d'entr'eux, sçavoir, les Srs Louis Guy Maire de Rochefort, Abraham Chambrier Maire de Valangin, Jean-Jacques Sandos Commissaire-general, Jonas Hory Châtelain de Boudry, François-Louis du Terraut, & Jean Ostrevald, avoient promis dés l'année 1680, à Me de Nemours, de la reconnoître pour Souveraine de Neufchatel, aprés la mort de M. l'Abbé d'Orleans son frere; c'est un fait qu'il est important d'expliquer.

Le Comté de Neufchatel, qui avoit esté donné en partie par ce Prince à M. le Comte de S. Pol son frere, avec charge de reversion en cas de prédecés sans enfans, estant revenu au donateur par le double titre de reversion & de succession tout ensemble, Me de Nemours s'éleva contre ce double droit, & elle entreprit de contester la Souveraineté à M. le Duc de Longueville son frere.

Le sieur de Molondin Lieutenant de Gouverneur se chargea de sa Procuration, pour se mettre en possession de la Souveraineté, & pour en prendre de luy même l'investiture, au refus & au mépris des trois Etats, qui se trouvant offensez de la conduite que le sieur de Molondin avoit tenuë dans cette occasion, prononcerent contre luy par leur Jugement du 27 Octobre 1672, une condamnation au bannissement perpetuel des Etats de Neufchatel.

Aprés la mort de Me de Longueville, Me de Nemours ayant esté nommée Curatrice de M. l'Abbé d'Orleans son frere; le premier Acte de Curatrice qu'elle fit, fut d'expulser le Gouverneur qui avoit esté institué par Me de Longueville, & de remettre le sieur de Molondin à sa place. Le second fut d'obliger

ger les trois Etats, de retracter le Jugement qu'ils avoient rendu contre le sieur de Molondin, & de le rayer de leur Registre.

Voici la conduite qui fût tenuë pour cela, telle qu'elle est écrite dans le Registre des trois Etats.

Le Registre porte, *que le sieur David Merveilleux Conseiller d'Etat, & premier Juge de l'assemblée des trois Etats, tenuë au Château de Neufchatel le six Octobre 1680; s'adressant à Monseigneur le Gouverneur, qui tenoit son siege; il luy a remontré qu'ayant quelque chose à representer à l'assemblée pour le bien de l'Etat, il le supplioit de vouloir luy permettre d'en faire l'ouverture & de prendre sur ce leur avis; ce qui luy ayant esté permis par mondit Seigneur le Gouverneur, mesdits Sieurs des trois Etats, l'ont au retour de ladite Chambre, remercié par la bouche dudit sieur Merveilleux, de la bonté qu'il avoit euë de leur permettre de déliberer ensemble.*

Voila une preuve bien autentique de la verité cy-devant établie, que le Gouverneur a seul droit d'assembler les trois Etats, ou de permettre de le faire; puisque dans un fait, où la personne mesme du Gouverneur estoit interessée: on ne pût s'assembler qu'en vertu de sa permission, & qu'on luy fit mesme des remerciemens de la bonté qu'il avoit euë de l'accorder.

La déliberation qui fut l'ouvrage de cette assemblée porte, *que Mrs des trois Etats ayant remarqué, que S. A. S. Madame de Nemours Regente de cette Souveraineté desapprouvoit le Jugement rendu le 17 Octobre 1672, contre le Sr de Molondin, qui estoit son Procureur General & special; & qu'en cette qualité, on n'avoit pas dû proceder contre luy comme on avoit fait: Mrs des trois Etats pour témoigner à S. A. S. leur profonde soûmission & obéïssance; & que leur intention est d'oster & annuller tout ce qui pourroit luy donner matiere de déplaisir, afin de se rendre dignes de sa bienveillance, & pour donner des marques du respect & de l'estime qu'ils ont pour la personne dudit Seigneur de Molondin, qui a presentement l'honneur d'estre Gouverneur de cet Etat, & en enlevant tout ce qu'il y a eu de desagreable à son égard. Pour ces causes & justes considerations, ils declarent que ledit Jugement rendu le 17 Octobre 1672, contre la personne dudit Seigneur de Molondin sera rayé du Registre des trois Etats & autres lieux, & que la mesme declaration sera portée sur le mesme Registre.*

On laisse à juger au Public, de l'idée que M^rs des trois Etats, devoüez dés ce temps-là à Me de Nemours donnent eux-mesmes de leur Jugement: Me de Nemours leur fait remarquer qu'elle desapprouve celuy qu'ils avoient rendu contre le Sr de Molondin: c'est assez chez eux pour le retracter & le rayer de leur Registre.

Le mesme Souverain vivoit encore, & Me de Nemours n'en estoit que la Curatrice à la place de Me de Longueville decedée; Me de Nemours estoit donc obligée, par le devoir de Curatrice, de maintenir ce qui avoit esté fait pour l'honneur & pour l'interest de M. l'Abbé d'Orleans son frere.

Cependant, comme si la qualité de Curatrice l'avoit renduë Souveraine à la place de son frere, elle détruit par son autorité un Jugement qui avoit esté rendu, pour venger & maintenir celle de son frere: elle se fait donner le titre de Regente, qui ne luy appartenoit pas, & qu'on ne luy avoit pas permis de prendre en 1672; mais elle n'en demeure pas là, elle se fait declaser par avance dans la mesme assemblée, Souveraine de cet Etat, en cas de decés de M. le Duc de Longueville son frere. Voicy les termes de la déliberation.

Et pour d'autant plus faire connoistre leur zele & leur fidelité inviolable envers S. A. S. Me la Duchesse de Nemours, Regente de cet Etat, & qu'on n'a jamais eu dessein de la forclore des justes pretentions qu'elle a sur cette Souveraineté en qualité de sœur unique & heritiere presomptive de S. A. S. Monseigneur son frere; ils declarent unanimement, qu'aprés la mort de S. A. S. Monseigneur nostre Souverain Prince, que Dieu conserve, cette Souveraineté luy appartiendra uniquement en la qualité cy-devant, & (cette precaution est à remarquer) *que si ladite A. S. ne pouvoit avoir connoissance de son decés dans les six semaines, cela ne luy pourroit porter aucun prejudice; qu'alors ils la reconnoistront pour la seule & pour legitime Souveraine, & luy rendront tous les devoirs de bons & fideles Sujets.*

Qu'avoient de commun ces prétentions de Me de Nemours dans la succession future de Mr de Longueville son frere, avec la rehabilitation du Sr de Molondin son affidé? Estoit-il mesme permis d'anticiper par une prévoyance prématurée le decés d'un frere qui estoit beaucoup plus jeune que sa sœur; Pourquoy ces affectations & ces mesures prises de si loin? C'est qu'on sçavoit, que Mr le Duc de Longueville avoit disposé de ses droits par un Testament fait en 1668; qu'on se défioit avec justice du succés de celuy qu'on luy avoit fait signer depuis en 1671; qu'ayant en main l'autorité que donnoit à Me de Nemours la qualité de Curatrice, & qui pouvoit luy échapper dans la suite, on ne pouvoit trop tost profiter de l'occasion, & s'assurer des suffrages pour l'avenir.

On porte l'affectation encore plus loin ; *on dispense Mᵉ de Nemours par avance de la loy des six semaines*, dans lesquelles on pretend que le Successeur pretendant à la Souveraineté, doit se presenter pour la prise de possession : on promet *de la reconnoistre deslors pour la seule Souveraine, de luy rendre tous les devoirs de bons & fideles Sujets :* c'est à dire, qu'on s'engage (quatorze ans avant le decés du Prince) à recevoir Mᵉ de Nemours pour Souveraine, & à refuser tout autre, quelque titre & quelque droit qu'il puisse avoir. Et de bonne foy, des gens qui estoient ainsi dévoüez dés l'année 1680 à Mᵉ de Nemours, pouvoient-ils estre Juges entre elle & M. le Prince de Conti en 1694?

De l'engagement on avoit passé à l'execution : car aussi-tost aprés la mort de M. le Duc de Longueville, ces Particuliers qui se donnoient le titre de Conseil d'Etat, tous creatures de Mᵉ de Nemours, tous devenus depuis ses Pensionnaires, répondant aux Lettres qu'ils avoient reçus d'elle, luy donnent avis, par une lettre du mois de Février 1694, de l'arrivée du Chevalier d'Angoulesme envoyé par M. le Prince de Conti, *qu'il leur a fait connoistre les pretentions de ce Prince sur la Souveraineté de Neufchatel, en vertu d'un Testament qu'il dit estre fait en sa faveur, qu'ils la supplient d'estre persuadée qu'il ne se fera rien au préjudice de ses droits*. Et anticipant l'investiture, ils rendent en mesme temps un Arrest portant, *que le Tresorier General attendra l'arrivée de cette Duchesse ou ses ordres pour la disposition des deniers qui estoient entre ses mains*

On a vû dans la premiere Partie, comment ces mesmes Particuliers avoient deferé à l'ordre que Me de Nemours leur avoit donné, de ne plus reconnoître le Gouverneur : comment ils avoient formé leur assemblée de leur propre autorité, comme soûtenuë de la sienne ; comment ils y avoient admis par son commandement les Sieurs Petitpierre & Chevalier qui en avoient esté exclus pendant la Curatelle ; comment ils en avoient deputé deux d'entr'eux pour porter au Gouverneur les Ordres de cette Duchesse, de quitter le Chasteau & de sortir du Comté ; & ce qui consomme encore plus l'engagement, comment ils estoient allez en Corps sur la frontiere du Pays pour y recevoir Me de Nemours ; comment le sieur Guy leur Doyen l'avoit haranguée au nom de tous, avec les protestations de fidelité ; comment le sieur Hory l'un d'entr'eux l'avoit haranguée de même à la teste des Milices, & avec les mesmes protestations de fidelité ; comment ils luy avoient mis en main la Banniere & les marques de Souveraineté ; & comment en un mot ils luy avoient fait tous les honneurs, que la Loy du Pays & l'usage immemorial ne permettent de rendre qu'au Souverain investi & reconnu.

Ces hommes ainsi engagez dés 1680, & encore plus engagez en 1694 par tous ces Actes ; ont-ils pu aprés cela se constituer Juges du different de la Souveraineté, qu'ils avoient déja decidé par avance, pour ainsi dire, *ipso facto?* N'a-t-on pas raison de dire que leur Jugement du 18 Mars, n'est que l'effet de leurs engagemens, & qu'à proprement parler ce n'est pas un Jugement, mais un complot.

TROISIÉME NULLITÉ DANS LA FORME.

Jugement rendu par des Juges recusez, sans que la recusation ait esté jugée, & avec une précipitation affectée.

Cette troisiéme nullité comprend deux moyens: *recusation non jugée, précipitation affectée.*

Quant à la recusation, elle estoit double dans les protestations du Chevalier d'Angoulesme pour M. le Prince de Conti.

L'une generale & de tout le Corps de l'Assemblée, comme indûëment & incompetemment convoquée; c'est ce qui a esté expliqué dans la premiere nullité.

L'autre particuliere, c'est à dire, d'une partie des Juges qui composoient ce Conseil, & qui avoient en eux toutes les causes de recusation, qui ont fait le sujet de la seconde nullité.

C'est de ces deux premieres nullitez que se forme la troisiéme, d'avoir prononcé sur le fond au préjudice de cette double recusation, & sans qu'elle eût esté jugée.

Quant à la recusation generale, c'est à dire, l'incompetence de tout le Tribunal, il est de l'ordre de toutes les Jurisdictions de juger la competence attaquée, avant de toucher au fond; parce qu'il doit estre certain, que les Juges le sont veritablement & legitimement. Le Jugement de la competence est toûjours préalable, il ne peut estre cumulé avec le fond, parce que la partie ne pouvant instruire son droit devant les Juges, pendant qu'elle les soûtient incompetens, il faut de necessité qu'il y ait un intervalle pour l'instruction entre le Jugement de la competence & le Jugement du fond.

C'est ainsi qu'en userent les trois Etats en 1672, lorsque Me de Nemours opposoit leur incompetence; ils prononcerent leur competence par un premier Jugement du 23 Juillet 1672; & aprés avoir remis au 27 du mesme mois, ils donnerent ce mesme jour un second Jugement, portant delai de trois mois à Mr de Nemours, pour expliquer sa defense, & pour établir son droit.

Les pretendus Etats du 18 Mars 1694 se mirent au dessus de ces regles: car comment auroient-ils pû par un Jugement préalable & dans les formes, se declarer Juges competens? Comment auroient-ils pû prononcer, qu'ils pouvoient, contre les loix de l'Etat, se convoquer eux-mesmes sans la permission du Gouverneur, se donner les Charges entr'eux, & s'ériger un Tribunal de leur propre autorité?

Quant à la recusation des Particuliers, la regle n'est pas moins certaine: il n'est point permis aux Juges recusez d'entrer dans le Tribunal, ny d'y prendre place comme Juges, que leur recusation ne soit jugée; & il y a cette difference entre la recusation generale, c'est à dire, l'exception d'incompetence, & la recusation particuliere, que dans celle-là, le Tribunal peut estre Juge de sa propre competence, & que dans celle-cy, le Juge recusé ne peut estre Juge de la recusation.

On a vû dans la seconde nullité, comment plusieurs de ces Juges estoient devoüez à Mᵉ de Nemours, & ses creatures par tant de titres; comment ils luy avoient engagé leurs suffrages & leur foy? Et y eut-il jamais plus de causes de recusation ni de plus legitimes?

On a cru dans le Manifeste de Mᵉ de Nemours, debité en *1699*, se sauver de ce defaut, en disant, qu'il est sans exemple de proposer une recusation en termes generaux, sans expliquer les causes.

L'objection seroit specieuse s'il y avoit eu un Tribunal competent & legitimement établi: c'est alors qu'il auroit esté de l'ordre de proposer à l'assemblée generale les exceptions que l'on avoit contre les Juges particuliers; mais tout le Tribunal estant recusé comme incompetent & mal convoqué; comme il ne pouvoit estre Juge du fond, il ne pouvoit l'estre non plus des recusations; & l'on avoit raison d'alleguer en general, que plusieurs des Juges estoient recusables, sans en expliquer les causes en particulier, devant un Tribunal qui n'avoit pas le pouvoir legitime de les juger.

Cependant, sans avoir fait regler ni la competence generale ny les recusations particulieres, on tranche le fond; & ces pretendus Juges declarent eux mêmes par leur Jugement, qu'ils le decident sans l'avoir entendu, & sans avoir esté en état de l'entendre; c'est une precipitation affectée qui ne seroit pas excusable dans une affaire commune de particulier à particulier, & qui l'est beaucoup moins dans une affaire majeure, où il s'agissoit de l'investiture de la Souveraineté entre des Princes contendans.

Les

Les prétendus Etats déclarent par leur Jugement, que le Testament fait en faveur de M. le Prince de Conti, *n'a esté ni ouvert ni lû*; Comment donc ont-ils pû le condamner sans le voir? Ils prononcent, *que la Souveraineté ne peut estre alienée par Testament ni autrement*: Mais la question valoit bien la peine d'estre examinée, d'autant plus (comme on le verra dans la quatriéme nullité) que Me de Nemours n'en convenoit pas, & que si ces Mrs avoient esté moins préoccupez & plus instruits, ils auroient connu leur erreur.

Qu'a-t-on pû dire dans les Memoires de Me de Nemours, pour excuser une telle conduite? *La Loy de l'Etat ne souffre pas*, dit-on, *qu'on écoute aucun Prétendant aprés les six semaines, c'est un temps fatal.*

Est-il permis, de bonne foy, aux deffenseurs de Me de Nemours, d'imposer aux Public par un tel paradoxe? Si l'usage à Neufchatel prescrit aux Particuliers certains délays, pour demander la mise en possession, & pour justifier ses Titres, croit-on que le droit du Souverain soit assujetti, & aux mêmes formes & au même stile?

Entre Particuliers même la difficulté ne seroit pas bonne; on fait distinction entre ceux qui ont droit par succession en ligne directe, & ceux qui viennent, ou par succession collaterale, ou par quelque autre titre singulier.

Les premiers ne sont assujettis à aucun temps ni à aucune formalité; ils peuvent se mettre de leur propre autorité en possession des biens qui leur sont échûs en ligne directe, en quelque temps qu'ils le trouvent à propos, & ſans aucune permiſſion ni du Prince ni de la Juſtice.

Les autres au contraire, ſont veritablement obligez de requerir dans les ſix ſemaines la miſe en poſſeſſion, & de repreſenter le titre en vertu duquel ils la demandent.

Mais cette regle, entre les Particuliers mêmes, n'eſt pas ſi auſtere qu'elle ne ſouffre des exceptions: Si l'intereſſé eſt abſent, on luy donne un an & ſix ſemaines encore aprés; S'il a ignoré ſon droit, on ne fait courir les ſix ſemaines que d'un an aprés qu'il en a eu connoiſſance; S'il a eu quelque empêchement legitime, on le reſtituë contre le laps des ſix ſemaines; Si aprés s'eſtre preſenté, il ne pouvoit, par quelque raiſon particuliere, avoir ſes titres à la main, on ne pourroit luy refuſer un temps pour en faire la recherche.

Les trois Etats de 1680, diſpenſerent Me de Nemours de cette formalité, & s'engagerent de la reconnoître pour Souveraine, au cas *qu'elle ignorât le decés de M. ſon frere dans les ſix ſemaines*, ainſi qu'on l'a rapporté cy-deſſus.

On ne peut donc pas dire, aprés cet exemple de Me de Nemours, que le Prince doive eſtre de pire condition que les Particuliers. Tant s'en faut que le Prince fût aſtraint à un temps fatal pour requerir l'inveſtiture; qu'il ne paroiſt pas même que les Princes de Neufchatel, qui ont eu ce Comté en vertu de Donations, de Teſtamens ou d'autres Titres ſinguliers, ſe ſoient aſſujettis à la demander.

Contard de Fribourg fut fait Seigneur de Neufchatel en vertu du Testament d'Isabelle de Neufchatel sa tante.

Rodolphe d'Hocberg eut de même le Comté de Neufchatel, en vertu du Testament de Jean de Fribourg son cousin.

François d'Orleans petit fils de Jeanne d'Hocberg, succeda à ce Comté en vertu de la donation de son ayeule.

M. le Comte de S. Pol a eu par donation de M. l'Abbé d'Orleans son frere, les droits & les portions qui appartenoient à ce Prince dans les Comtez de Neufchatel & de Valangin.

L'on ne voit point qu'aucun de ces Princes, quoyqu'appellez par titre particulier de donation ou de testament, ait esté obligé d'en requerir l'investiture, ni aux Audiences generales, ni aux Etats ; & l'on voit au contraire, que ces Princes pourvûs par des dispositions, soit entre-vifs, soit testamentaires, se sont mis de plein droit en possession, sans autre Titre que la volonté du Predecesseur, & sans avoir esté asservis à aucune formalité ni à aucun temps.

M. le Prince de Conti avec plus d'exactitude, & (il peut le dire) avec plus d'égards que tous les autres, n'a point méprisé des regles, qui semblent n'estre faites que pour les Particuliers ; il s'est presenté par le Chevalier d'Angoulesme son Procureur, non seulement dans l'an qui s'accorde, même entre Particuliers, aux absens ; mais pour user des termes du Pays, sur le jour même des six semaines. Il a declaré à toute l'Assemblée, *que pour conserver les droits de S. A. S, il demandoit la mise en possession & l'investiture de cette Souveraincté & de ses dépendances, soit aux trois Etats legitimement assemblez, soit à tel Conseil ou Tribunal à qui il convient & appartient de la donner, il a offert à bourse ouverte de payer les legs portez par le Testament fait en sa faveur, & de produire ses Titres.*

Voila tout ce que pouvoit & devoit faire en cette occasion le Chevalier d'Angoulesme pour M. le Prince de Conti ; s'il n'a pas passé plus avant, & s'il n'a pas produit son titre, l'Acte même en rend la raison, *que le Conseil n'estoit pas convoqué dans les formes, qu'une partie même de ceux qui le composoient estoient recusables, & qu'en un mot le Tribunal estoit incompetent.*

D'ailleurs, M. le Prince de Conti n'avoit pas encore un titre reconnu ; le Testament qui l'instituoit estoit actuellement contesté, & Me de Nemours en a fait durer la contestation jusqu'au mois de Decembre 1698. Ce Prince ne pouvoit pas alors demander qu'une mise en possession conservatoire, & il estoit de l'ordre (si l'on avoit suivy des regles) de renvoyer les Contendans pour faire juger leurs contestations sur les Testamens, & de suspendre l'investiture définitive jusqu'à la decision du droit.

Telle fut la conduite que tinrent en 1652 les Audiences generales entre Leonor d'Orleans & Jacques de Savoye : Et en 1672 les trois Etats entre Me de Longueville & Me de Nemours. Ils ne precipiterent point leur Jugement par complaisance ; ils n'abuserent point par un faux scrupule, du pretexte des six semaines ; ils donnerent aux Contendans, les temps necessaires pour instruire leurs pretentions, & pour faire regler leurs droits.

Mais les pretendus Etats du 18 Mars 1694, se sont mis au dessus des regles; ils decident par un Jugement precipité, une question de l'inalienabilité, qui ne leur estoit pas proposée, & contre laquelle même Me de Nemours reclamoit; ils s'en declarent les Auteurs, les Parties & les Juges tout ensemble; c'est ce qui va faire le sujet de la quatriéme nullité dans la forme, encore plus sensible & plus importante que les autres.

QUATRIE'ME NULLITE' DANS LA FORME.

Jugement rendu sur le fondement d'une pretenduë inalienabilité, dont il n'estoit point question entre les Contendans; & dont les pretendus Etats se sont fait eux-mêmes les Auteurs, les Parties & les Juges.

Les Juges qui composoient ces pretendus Etats du 18 Mars 1694, ont marqué pour fondement de leur decision, l'inalienabilité pretenduë de la Souveraineté de Neufchatel; ils ont prononcé, *que la Souveraineté ne peut estre alienée par Testament ni autrement, suivant la nature & constitution de l'Etat, & de l'usage toûjours pratiqué touchant la succession de ce Païs.*

On fera voir dans la troisiéme Partie, qu'il n'y a rien de vray dans cette decision; ni par la nature & constitution de cet Etat, ni par l'usage pratiqué de tout temps, la Souveraineté de Neufchatel n'est point inalienable; qu'au contraire elle peut de droit estre alienée, & que de fait elle l'a esté plusieurs fois.

Mais il s'agit en cet endroit de faire voir, pour derniere nullité dans la forme, que les pretendus Etats n'ont point esté Juges de cette question, & qu'ils n'ont pû l'estre.

Le differend de la Souveraineté, estoit uniquement entre Me de Nemours & M. le Prince de Conti, & ni l'une ni l'autre des Parties ne mettoit l'inalienabilité en question. Me de Nemours estoit bien éloignée d'un tel paradoxe ; instruite par l'Histoire de tous les temps, de la nature de cette Souveraineté veritablement alienable & de libre disposition, elle en avoit disposé dés le mois de Fevrier 1694, en faveur du Chevalier de Soissons : Choquée même de cette fausse maxime d'inalienabilité inserée dans le Jugement, & fâchée de gagner son Procés sur un principe plein d'erreur, elle ne pût l'entendre sans s'écrier aussi-tost *Je proteste, je proteste.*

Quoique cette protestation ne soit pas écrite, elle n'est pas moins certaine, non seulement par le témoignage public de toute l'assemblée qui l'entendit, mais par l'execution qui suivit peu de temps aprés, dans le Contract de mariage du Chevalier de Soissons, du mois d'Octobre 1694, où Me de Nemours méprisant elle-même cette chimere *d'inalienabilité*, non seulement a confirmé la donation qu'elle avoit faite avant son investiture des Comtez Souverains de Neufchatel & de Valangin, mais en tant que besoin seroit les a de nouveau donnez au Chevalier de Soissons ; avec cette multitude de substitutions infinies à toutes les generations de la Maison d'Orleans Longueville & de Rottelin.

M. le Prince de Conti de son côté, apportoit pour titre un Testament, qui suppose de soy la faculté d'aliener & de disposer.

Ainsi les deux contendans convenoient du même principe; c'estoit donc, suivant ce principe, qu'il falloit les regler, & il n'estoit pas au pouvoir des Juges de s'en faire un tout contraire.*

Si Mr de Nemours contestoit le Testament de 1668, dont M. le Prince de Conti faisoit son Titre; si elle opposoit celuy de 1671, dont elle faisoit le sien, la regle estoit, comme on l'a fait voir dans la troisiéme nullité, de suspendre l'investiture jusqu'à ce que le droit des deux Parties eût esté decidé dans le Tribunal qui en estoit saisi; mais qu'ayant à prononcer sur l'investiture entre deux Pretendans, ils ayent pû changer malgré eux l'état de leur contestation; c'est ce qui ne se peut ni soûtenir ni proposer.

Dira-t-on que ces pretendus Juges, convoquez sans un legitime pouvoir, ont pû former la question de l'inalienabilité de leur propre mouvement, & la decider de leur propre autorité; qu'ils estoient les interpretes de leur Loy, & les Juges de leurs usages, & qu'ils ont pû juger de la Souveraineté de leur Etat par sa propre constitution, indépendemment des interests, des desseins & des consentemens mêmes des Contendans?

Si telle a esté leur idée, on peut dire que c'est une seconde erreur encore plus mauvaise que la premiere, & une nullité dans leur Jugement encore plus essentielle que les autres. C'est donc, selon eux, une question formée par eux-mêmes, entre le Prince &

* Ultra id quod in judicium deductum est excedere potestas Judicis non potest. *L. 18. C. Com. divid.*

l'Etat, dont ils ont fait leur propre cause, & dont par consequent ils ont encore moins pû se rendre Juges.

Un Prince se presente à l'investiture ; il apporte pour titre la disposition du Souverain Prédecesseur : Il plaît à un petit nombre de Sujets assemblez sous le nom d'Etats, de luy contester son titre, de vouloir que la Souveraineté soit inalienable ; & ces Sujets mêmes, qui se declarent Parties, en seront les Juges ; ils se constituëront les Interpretes de la Loy contre le Legislateur, & les Arbitres de la Souveraineté entr'eux-mêmes & le Souverain ? Quels paradoxes !

De droit commun, la puissance publique, dont la Jurisdiction fait partie, est dans la personne du Prince comme dans sa source : Ses Etats ne l'ont que par émanation, ils ne la tiennent que de luy, ce seroit au Prince à décider du droit de ses Etats, plûtost qu'aux Etats à décider de celuy du Prince*: Comment donc pourroit-on s'imaginer que par un effet tout contraire, dans une Souveraineté non élective, le droit du Souverain, son titre, sa condition dût dépendre de la décision de ses Etats, & que les Sujets fussent les Juges & les Maîtres du sort de leur Prince ?

*Solus is, qui privilegium concessit de eo judicare illudque interpretari potest. *Curiæ de Privilegiis, cap. 12.*

Pour soûtenir un tel renversement, il faudroit qu'il y eût à Neufchatel une Loy écrite, un Statut, auquel les Princes eussent souscrit, un Concordat entr'eux & leurs Peuples, qui eût donné aux Etats cette autorité de juger de la Souveraineté entre le Prince & eux, de recevoir le Souverain, ou de l'exclure : On ne trouvera rien de semblable à Neufchatel, & on y verra même tout le contraire.

On

On a vû souvent la succession de la Souveraineté de Neufchatel contentieuse entre des Prétendans; mais on n'a jamais vû que les Etats de Neufchatel se soient mêlez, comme Parties & Juges tout ensemble, dans leurs differends, ni qu'ils ayent entrepris d'introduire une question que les Contendans ne faisoient pas: Et tant s'en faut qu'ils se soient jamais donné l'autorité de decider contre leurs Princes l'inalienabilité pretenduë, qu'ils n'ont jamais eu la pensée de la proposer, & que le pretendu Jugement du 18 Mars 1694 en est le premier exemple.

Voicy tous les exemples qu'on a pû recueillir depuis plus de quatre siecles, des Jugemens rendus touchant la Souveraineté de Neufchatel & de Valangin.

En 1278, aprés la mort de Rodolphe de Neufchatel, qui avoit laissé quatre fils & deux filles, il y eut grande contestation entre ses enfans pour sa succession; elle fut reglée par Thierry de Montfaucon Conseigneur de Montbelliard leur ayeul, qui par son Jugement donna à chacun des puisnez quelques portions des Terres du Comté de Neufchatel, à condition de les tenir en foy & hommage d'Amedée de Neufchatel leur frere aîné.

En 1375, Isabelle & Varaine filles de Loüis Comte de Neufchatel, ayant de grands differends avec Marie de Vergy, choisirent pour arbitre Philippe le Hardy Duc de Bourgogne, qui par la Sentence arbitrale qu'il rendit, reconnut & declara Isabelle Comtesse de Neufchatel.

En 1424, l'Evêque de Besançon jugea les contestations entre Jean de Fribourg Comte de Neufchatel

& Jean d'Arberg Comte de Valangin, au sujet du droit de Souveraineté sur Valangin.

En 1450, Jean de Fribourg Comte de Neufchatel, disposa de son Comté par son Testament fait à Neufchatel le 28 May 1450, en faveur de Rodolphe d'Hocberg son cousin, il declara par ce même Testament, *qu'au cas de difficulté au sujet de sa succession, il nommoit & constituoit l'Official de Besançon pour Juge de toutes querelles & controverses qui pourroient naître de son Testament.* Ces querelles & controverses furent neanmoins reglées en 1460, entre les Parties contendantes par le Duc de Bourgogne.

En 1552, aprés la mort de François d'Orleans, Leonor d'Orleans & Jacques de Savoye cousins germains de ce Prince, furent jugez par les Audiences generales de Neufchatel, qui ajugerent à chacun d'eux la moitié de la Souveraineté, comme estant en parité de degré.

En 1557, Mrs de Berne prononcerent sur les difficultez qui survinrent entre ces mêmes Princes, Leonor d'Orleans & Jacques de Savoye, au sujet de la vente que ce dernier fit à l'autre de sa moitié du Comté de Neufchatel.

En 1576, les Cantons de Berne, Luzerne, Fribourg & Soleure, alliez de Neufchatel, ajugerent à Marie de Bourbon, veuve de Leonor d'Orleans, le droit de Souveraineté sur le Comté de Valangin, qui luy estoit contesté par les heritiers de René de Chalans Comte de Valangin.

En la même année 1576, le même Canton de Berne prononça sur les differends que Philberte & Isabelle de Chalans eurent entr'elles, pour le même Comté de Valangin, que l'une & l'autre pretendoient en vertu des differens Testamens de René de Chalans leur pere.

En 1584, les Cantons non alliez de Neufchatel, furent Juges de la contestation qui se forma entre Marie de Bourbon & les heritiers de René de Chalans au sujet de la vente que Jeanne d'Hocberg avoit faite à René de Chalans, du droit de Souveraineté sur Valangin, & jugerent que Jeanne d'Hocberg, qui avoit precedemment disposé de tous ses biens, & particulierement de la Souveraineté de Neufchatel, par une donation entre-vifs en faveur de ses propres fils, n'avoit pû à leur prejudice le vendre à René de Chalans.

En 1601, aprés la mort de Marie de Bourbon, veuve de Leonor d'Orleans, Catherine de Gonzagues, au nom d'Henry d'Orleans second du nom, son fils, fit prendre pour luy la possession de la Souveraineté, devant les trois Etats; Ce ne fut qu'un simple Acte de prise de possession, sans aucune adjudication d'investiture, & sans aucun Jugement de leur part.

En 1668, M. l'Abbé d'Orleans Duc de Longueville, ayant fait donation entre-vifs à M. le Comte de S. Pol son frere, de ses droits dans la Souveraineté de Neufchatel & de Valangin, en toute proprieté, en presence de tous ceux qui composoient le Conseil d'Etat, & qui en signerent l'Acte comme témoins; elle fut enregistrée par les ordres du Prince, dans l'assemblée des trois Etats, de la maniere qui sera expliquée plus particulierement dans la troisiéme Partie.

En 1672, M. le Comte de S. Pol ayant esté tué au passage du Rhin, & M. l'Abbé d'Orleans estant rentré dans ses droits, M^rs des trois Etats donnerent l'investiture aux Agens de Me de Longueville sa mere & sa curatrice.

En 1674, Me de Nemours ayant reclamé contre le Jugement des trois Etats, qu'elle pretendoit incompetens, la contestation fut jugée de nouveau par le Roy en 1674, à l'avantage de Me de Longueville.

Voila jusqu'à present tout ce qu'il y a eu de Jugemens rendus touchant la Souveraineté de Neufchatel & de Valangin. Il y a sur cela deux observations importantes.

La premiere, que dans ce nombre d'exemples depuis l'an 1278, il n'y en a que quatre où les Audiences generales où les trois Etats ayent eu quelque part; sçavoir celuy de 1552, aprés la mort de François d'Orleans; celuy de 1601, aprés la mort de Leonor d'Orleans & de Marie de Bourbon sa veuve; celuy de 1668, lors de la donation de M. l'Abbé d'Orleans à M. le Comte de S. Pol son frere, & celuy de 1672, aprés la mort de M. le Comte de S. Pol.

Tous les autres de 1278, de 1373, de 1424, de 1450, de 1558, de 1584, & de 1674, sont des Jugemens rendus, ou par des Parens choisis pour arbitres, comme celuy de 1278, par Thierry de Monfaucon.

Ou par des Princes & des Prelats étrangers, comme celuy de 1373, par Philippe Duc de Bourgogne; celuy de 1424, par l'Evéque de Besançon, & celuy de 1460 par le Duc de Bourgogne.

Ou par des Etats voisins comme les deux de 1576,

par les quatre Cantons de Berne, Luzerne, Fribourg & Soleure, alliez de Neufchatel; & celuy de 1584 par les autres Cantons non alliez.

Et enfin celuy de 1674 prononcé par le Roy.

La seconde observation essentielle en cet endroit pour la forme, & qui ne le sera pas moins dans la suite pour le fond, est que dans la pluspart de ces Jugemens rendus dans le cours de quatre siecles, les differends rouloient, ou sur des partages, ou sur des ventes, ou sur des Testamens, ou sur des donations entre-vifs; en un mot sur toutes especes d'alienations & de dispositions de la Souveraineté de Neufchatel & de celle de Valangin; Cependant on n'a vû dans aucun, que les Contendans interessez, se soient avisez de soûtenir, ni même de proposer l'inalienabilité pretenduë: On n'a point vû que les Etats de Neufchatel se soient mêlez dans ces controverses pour en former la question, & moins encore qu'ils ayent entrepris de la decider contre leurs Princes: Au contraire, ils ont reconnu & reçû pour leurs Souverains, ceux qui furent maintenus par ces differens Jugemens, quoyqu'en vertu de Testamens, de donations, ou d'autres dispositions.

C'est ce qui sera expliqué plus particulierement dans l'examen du fond; mais en cet endroit, on ose dire que c'est un moyen invincible dans la forme; Car, ou les pretendus Etats ont formé cette question par raport à Me de Nemours, ou par raport à eux-mêmes: S'ils l'ont fait par raport à Me de Nemours, ce qu'ils ont fait est nul, puisque cette Duchesse ne le pretendoit pas, & que loin de proposer l'inalienabilité, elle soûtenoit hautement tout le contraire, par ses paroles & par ses dispositions. Cela est si vray, que quelques jours aprés son investirure, elle ordonna à un Conseiller d'Etat, qui avoit esté l'un des Juges des trois Etats, de composer un Memoire pour prouver l'alienabilité de cette Souveraineté ; ce qu'il fit.

S'ils l'ont fait par raport à eux-mêmes, on peût dire qu'ils l'ont fait sans pouvoir & sans aveu : Mais on ajoûte de plus, qu'en se declarant parties eux-mêmes sur une question dont ils se sont fait les auteurs, ils n'ont pû s'en rendre les Juges.

Quelle seroit en effet la consequence d'un tel abus ? La Souveraineté deviendroit inalienable, parce qu'il plairoit pour un temps à douze particuliers sous le titre des trois Etats, qu'elle la fut ; ils n'auroient qu'à desirer de même qu'elle devint élective, & ils seroient les Maistres d'en decider : Ils en changeroient la forme & l'état selon leurs vûës & selon les temps ; Ils se rendroient Juges de tous les droits entre le Prince & eux, & il dépendroit d'eux de s'en affranchir par leur propre decision. On est persuadé que tous ceux qui aiment la regle, l'ordre public, la justice & la paix de leur Pays, n'aprouveront jamais des idées si dangereuses pour les suites.

Y eut-il donc jamais, dans une affaire de cette importance, plus de defauts essentiels & plus capables de rendre le Jugement nul ? Nul par le defaut de convocation valable & legitime des trois Etats ; Nul par l'engagement de la foy & des suffrages de ceux qui l'ont rendu ; Nul par la recusation actuelle & bien fondée de la pluspart de ces mêmes Juges, & par leur precipitation concertée; Nul enfin, par l'affectation sans exemple de se rendre Juges & Parties sur une question dont ils se sont fait les auteurs.

S'il faut des regles & des formes dans les Jugemens, n'a-t-on pas eu raison de dire, que celuy du 18 Mars 1694 est moins un Jugement qu'un complot?

TROISIÉME PARTIE

NULLITÉ DU JUGEMENT du 18 Mars 1694, dans le fond.

TRois sortes de Contendans ont répandu en 1699 des Memoires dans le Public, pour établir leurs pretentions sur la Souveraineté de Neufchatel; Mᵉ de Nemours, M. le Chevalier de Soissons son donataire, M. le Prince de Carignan, M. le Comte de Matignon, & Mᵉ la Duchesse de Lesdiguieres ses presomptifs heritiers.

Mᵉ de Nemours n'a pas entrepris dans ses Memoires de soûtenir l'inalienabilité pretenduë; Elle n'a eu garde de se servir d'un moyen que son propre fait, & les dispositions qu'elle avoit faites en faveur du Chevalier de Soissons, auroient contredit. Elle s'est retranchée dans de vains dehors; dans l'exception des six semaines; dans l'autorité des trois Etats; dans des discours frivoles contre l'Arrest du Parlement de Paris, rendu en faveur de Monseigneur le Prince de Conti; en un mot, elle a pris soin d'éviter la question du fond.

Me le Chevalier de Soissons, par un systême autant incomprehensible que nouveau, a voulu accorder les deux contradictoires, *l'alienabilité & l'inalienabilité* tout ensemble; Il a entrepris de persuader, que le Comté de Neufchatel pouvoit estre donné entre-vifs, (parce que Me de Nemours luy en avoit fait une donation) & qu'il ne peut estre donné par Testament, parce que M. le Prince de Conti a pour titre un Testament.

M. le Prince de Carignan, M. le Comte de Matignon & Me la Duchesse de Lesdiguieres, tous se pretendans heritiers de Me de Nemours, & tous opposez entr'eux par la diversité de leurs interests, se sont réünis dans leurs differens Memoires, pour attaquer le droit de M. le Prince de Conti, par l'inalienabilité pretenduë.

Quelle étrange contradiction! Me de Nemours, loin de proposer l'inalienabilité de Neufchatel, la rejette sans distinction, parce qu'elle veut estre Maîtresse absoluë d'en disposer; son donataire la soûtient à l'égard des seules dispositions testamentaires; ses heritiers la pretendent indéfiniment, & sans aucune distinction des actes. Un même droit sera-t-il donc diffrent de luy-même? alienable indistinctement pour Me de Nemours; alienable par donation entre-vifs pour son donataire; & inalienable par toutes sortes d'Actes pour ses heritiers?

Une chose paroîtra encore plus étonnante: On a fait courir en 1696. un écrit sous le titre *d'Apologie du Jugement de 1694.* On a sçû dans le Public, que les Auteurs de ce pretendu Jugement, l'estoient aussi

de

de son Apologie. Cependant on remarque dans cet Ouvrage, que tout leur soin est d'en justifier la forme, par l'exception pretenduë fatale des six semaines, dont on a fait voir l'illusion, par les circonstances de leur convocation, dont on a démontré les nullitez & par de vains discours plus propres à persuader le Public de leur affectation dans ce pretendu Jugement, qu'à justifier la conduite qu'ils y ont tenuë. Mais ce qui est remarquable, les Auteurs de cette Apologie, uniquement occupez à colorer la forme, n'ont osé s'engager à justifier le fond; c'est-à-dire, cette inalienabilité supposée, dont ils avoient fait le fondement de leur décision.

Dans ces circonstances, M. le Prince de Conti ne seroit point obligé, sans doute, à combatre ce faux systême d'inalienabilité; puisque Me de Nemours, loin de la soûtenir, la desavouë; que son Donataire la combat; que ceux qui l'ont prononcée politiquement pour elle, n'entreprennent pas dans leur Apologie de la justifier; & que les heritiers contendans de Me de Nemours, qu'on a vû faire de son vivant cette dispute prématurée contre sa propre reconnoissance & contre son propre fait, ne peuvent regulierement estre écoutez.

Mais s'il a esté permis à ces heritiers aspirans, qui n'avoient, & n'ont encore ni qualité ni droit établi, dont aucun ne se pouvoit dire assuré d'estre l'heritier & de l'emporter sur ses Copretendans; s'il leur a esté, dis-je, permis de se mêler dans ce combat avant le temps, de contester par anticipation à M. le Prince de Conti, la proprieté du Comté de Neufchatel, & d'opposer au Testament, qui est son titre, l'exception de l'inalienabilité pretenduë; M. le Prince de Conti ose dire, que dans toutes les regles, c'étoit à eux à la prouver.

M. le Prince de Conti a pour titre un Testament, confirmé par un Arrest solemnel; Que peut-on luy opposer contre un titre & contre l'autorité de la chose jugée?

En vain l'on a debité dans les écrits de Me de Nemours, & notamment dans celuy qui porte le titre de MANIFESTE, *Que l'Arrest rendu par les Juges de France, ne regardoit que les droits mobiliers de France, & non les Souverainetez de Neufchatel & de Valangin; Que la décision de cette controverse, dépendoit d'autres principes infiniment plus élevez, & essentiellement differens de ceux qui regardent les autres biens particuliers.*

Peut-on se flater, par un tel discours, de seduire les esprits & d'en imposer au Public?

Dans le Procés jugé aux Requestes du Palais en premiere Instance, & par appel au Parlement de Paris, il n'estoit question, ni des effets mobiliers, ni de la Principauté de Neufchatel, ni d'aucune espece de biens en particulier; il s'agissoit en general de la validité du Testament de M. l'Abbé d'Orleans, & de la délivrance du legs universel fait en faveur de M. le Prince de Conti.

Le Testament a esté confirmé, la délivrance du legs universel ordonnée au profit de M. le Prince de Conti: ainsi tout ce qui peut par sa nature estre donné par Testament, est compris dans le legs universel, & ajugé a M. le Prince de Conti.

On se trompe donc, ou pour mieux dire on s'imagine tromper les autres, quand on dit, que l'Arrest ne regardoit que la disposition de quelques effets mobiliers de France; comme si les meubles & effets mobiliers avoient une assiete dans un lieu, & comme si le Testament de M. l'Abbé d'Orleans n'avoit parlé que d'effets mobiliers & de meubles.

L'institution universelle faite par M. l'Abbé d'Orleans, renferme premierement les meubles & effets mobiliers en quelque lieu qu'ils soient trouvez; parce que la maxime est vulgaire, que les meubles n'ont point de situation fixe, qu'ils suivent la personne, qu'ils ne connoissent d'autre loy que celle de son domicile, & que la Coûtume de Paris, dont M. l'Abbé d'Orleans estoit domicilié, luy permettoit, aprés l'âge de vingt ans, de tester de tous ses meubles.

Mais cette institution universelle comprend de plus tous les biens immeubles dont le Testateur a eu la libre disposition.

Elle ne s'étend pas aux propres de Normandie, parce que cette Coûtume en défend la disposition par Testament.

Elle n'a point lieu pour ceux de Paris, parce que cette Coûtume, qui permet de faire un Testament de ses meubles & acquests à l'âge de vingt ans, ne permet de tester du quint de ses propres qu'à l'âge de vingt-cinq ans.

Mais elle embrasse tous les autres immeubles dont les Loix ou les Coûtumes ne défendent point la disposition par Testament.

Ainsi le Parlement a jugé par un autre Arrest contradictoire, que le quint du Comté de S. Pol, & autres biens patrimoniaux d'Artois, font partie du legs universel de M. le Prince de Conti, parce que la Coûtume d'Artois permet de tester du quint, & qu'elle n'exige que l'âge de vingt ans.

Par la même raison, le Comté de Neufchatel est compris dans le legs universel, parce que suivant la Coûtume de Neufchatel, il est permis de disposer de ses propres à l'âge de dix-neuf à vingt ans.

C'est donc tres-vainement que l'on publie dans un Manifeste, que le Parlement de Paris n'a jugé qu'une disposition de quelques droits & effets mobiliers, plus vainement encore que l'on y agite la competence de ce Parlement.

Le Parlement a jugé la validité du Testament en general & la délivrance du legs universel, Il estoit seul competent pour en décider : Car la maxime est incontestable, que la question de la validité ou invalidité d'un Testament appartient au Juge du domicile du Testateur & de l'ouverture de sa succession ; Me de Nemours n'a pas douté de cette competence ; elle a plaidé en premiere instance aux Requestes du Palais, & en cause d'appel au Parlement, comme les naturels & legitimes Tribunaux. Il n'y eut jamais de Sentence ni d'Arrest plus contradictoirement rendus.

Leur decision acquiert à M. le Prince de Conti tous les biens dont le Testateur a eu droit de disposer en quelques lieux qu'ils soient situez ; car c'est une maxime de droit commun, que les Jugemens rendus s'executent en toute sorte de Païs ; Comme la verité est une, & que *Res judicata pro veritate habetur* ; ce qui est jugé vray en un lieu, est necessairement vray par tout. Mais c'est de plus un droit reciproque, fondé sur les Traitez d'Alliance entre la France & la Suisse, que les Sentences & les Arrests s'executent mutuellement les uns chez les autres.

Le Testament estant jugé, le legs universel confirmé avec Me de Nemours, il ne reste plus que de sçavoir si le Comté de Neufchatel y est compris. Pour cela, il n'y a qu'une seule question à examiner; Le Comté de Neufchatel peut-il estre donné par Testament, ou ne le peut-il pas? Est-il alienable, ou ne l'est-il pas? Et c'est cette question que les Auteurs du Manifeste de Me de Nemours ont affecté si ouvertement d'éviter.

Ils se contentent de dire en termes misterieux & qui ne signifient rien, *que la décision de cette controverse* (c'est-à-dire de la Souveraineté de Neufchatel) *dépendoit d'autres principes infiniment plus élevez & essentiellement differens de ceux qui regardent les autres biens.* Mais quels sont ces principes si élevez & si differens? C'est ce qu'on n'a pû expliquer.

Me de Nemours n'a eu garde, dit-on, *de parler dans ce procés du Parlement, des fondemens sur lesquels l'investiture a esté prononcée en sa faveur par le Jugement des Etats; & elle n'estime pas necessaire* (ajoûte-t-on) *de s'engager plus avant dans le fond de l'ancienne contestation.*

Mais est-il permis avec bonne foy, de parler de la sorte? Ne croiroit-on pas à ce discours, qu'il y avoit eu une contestation agitée, aprofondie & discutée devant les pretendus Etats, entre Me de Nemours & M. le Prince de Conti, touchant la succession du Comté de Neufchatel ? On ne fait pas même scrupule d'avancer, que ce pretendu Jugement est contradictoire avec M. le Prince de Conti.

Cependant le Jugement même fait foy, que M. le Prince de Conti, loin de proposer sa defense devant ces pretendus Juges, a protesté formellement qu'il n'entendoit pas les reconnoître, comme mal convoquez & comme suspects, qu'il n'a envoyé le Chevalier d'Angoulesme que pour se presenter suivant l'usage pour la conservation de ses droits, sans les soumettre à la décision de ce Tribunal; Et que ces pretendus Juges declarent eux-mêmes, *que le Testament de M. l'Abbé d'Orleans* (qui estoit le titre de M. le Prince de Conti) *n'a esté ni ouvert, ni vû par eux.*

On ne parle dans le Manifeste que de raisons d'Etat, de considerations publiques; & tout cela se reduit à dire par un amas de synonimes, que ces considerations sont fondées *sur l'investiture de Me. de Nemours; sur le droit de son investiture; sur le Jugement qui a ordonné l'investiture; sur la décision des trois Etats de Neufchastel; sur un titre si autentique, soûtenu* (dit-on) *par les loix fondamentales de l'Etat de Neufchastel.*

Voila le Jugement de l'investiture tourné & retourné en cinq ou six façons; mais quel est le motif de ce Jugement? Quelles sont ces Loix fondamentales de l'Etat de Neufchatel, dont on dit que ce Jugement est soûtenu? C'est où le Manifeste demeure court.

Les pretendus Etats ont donné par le Jugement même pour unique motif de leur décision, *que le Comté de Neufchatel ne peut estre aliené ni donné par Testament.*

Voila le fondement que les Defenseurs de Mᵉ de Nemours ont évité d'expliquer, parce qu'elle même l'avoit desavoüé & contredit par ses propres actes. Voila *ce principe élevé, ce mistere important*, dans lequel les Auteurs du Manifeste ne veulent point entrer, parce qu'ils ne pourroient en sortir. C'est un rafinement de Rhetorique, qui feint de se taire, quand on n'a rien de bon à dire.

C'est donc là, le point unique où les pretendus Etats ont eux-mêmes reduit la question: Si le Comté de Neufchâtel peut estre donné, ou non, par un Testament?

M. le Prince de Conti est fondé dans le droit commun, suivant lequel tout ce qui fait partie de nos biens peut estre aliené, donné, & legué par nous. C'est sur ce principe que se sont formées ces grandes regles du droit, *Unusquisque rei suæ moderator & arbiter; Uti pater familias super re familiari suâ legaßet, ita jus esto.*

Ce droit commun a même son fondement dans le droit naturel; c'est-à-dire, dans la liberté, qui est née avec nous, de disposer de ce qui est nostre. Nos heritiers peuvent bien succeder aux Domaines que nous laissons; mais ils ne peuvent nous obliger, malgré nous, à les leur laisser. Les successions sont du droit civil, la liberté est du droit naturel, & les Loix ne disposent de nos biens, que quand nous n'en avons pas disposé nous-mêmes.

Contre cette liberté naturelle, il faut une loy qui défende d'aliener; comme le remarque tres-bien Boeclerus dans son Commentaire sur Grotius, en parlant des Royaumes patrimoniaux, dont le Roy ne peut pas disposer de plein droit * *Il faut*, dit-il, *qu'il y ait une Loy fondamentale, qui dise, par exemple, Le Roy aura toute autorité & tout pouvoir dans le Royaume, excepté la faculté de l'aliener*; ou bien, *Le Roy ne pourra l'aliener sans le consentement du Peuple*; ou bien encore, *Le Roy joüira des droits Royaux, & la faculté d'aliener le Royaume apartiendra au Peuple*. Mais où est cette Loy fondamentale dans Neufchatel? C'est une exception contre le droit commun; c'est donc à ceux qui l'alleguent à la prouver & à montrer la prohibition: car comme disent les Docteurs, *Posito dominio ponitur alienatio, nisi res alienari sit prohibita*.

* In regnis quæ non plene habentur, debet in legibus quas fundamentales vocant, dici: Habeat Rex imperium in omnes & omnia, excepta facultate alienandi: *Vel cum adjectione*, nisi cum populi consensu. *aut*, Rex sit jure Regio, sed facultas alienandi ad populum spectet. *Boeclerus in Grot. lib. 2. cap. 6.*

Qu'on nous montre donc une loy generale, qui dise, que toute Souveraineté est inalienable; ou une loy particuliere, qui dise, que celle de Neufchatel ne peut estre alienée.

Quelques efforts que puissent faire les adversaires de M. le Prince de Conti, ils ne feront voir ni cette loy generale, ni cette loy particuliere. Il faut donc qu'ils cedent au droit commun, & cet argument suffiroit seul pour la défense de M. le Prince de Conti.

Mais M. le Prince de Conti veut bien n'en pas demeurer là; Et comme on a affecté de prévenir le Public, en publiant *l'inalienabilité* pretenduë, sans la prouver; il espere par une conduite toute opposée, convaincre le Public de la verité *de l'alienabilité*, en la prouvant.

Pour faire cette preuve avec ordre; on fera voir premierement, qu'il n'est point vray (comme on a voulu le persuader dans beaucoup d'écrits répandus) que toute Souveraineté en general & par sa nature, soit inalienable.

On

On fera voir ensuite, qu'en particulier celle de Neufchâtel peut être alienée, & qu'elle l'a souvent esté.

PREMIERE PROPOSITION.

Qu'il n'est point vray en general, que toute Souveraineté soit inalienable.

Dire qu'en general toute Souveraineté est inalienable, c'est un paradoxe qui se refute par les principes & par les exemples.

Quant aux principes, toutes les Souverainetez ne sont pas de même nature, & par consequent les unes peuvent estre inalienables, & les autres ne l'estre pas.

Pour en faire le discernement, il faut suposer d'abord la division generale & vulgaire des Souverainetez en *Electives* & *Successives*.

La Souveraineté *Elective* consiste dans le droit que le Peuple s'est reservé, en la conferant, de la conferer toujours; & il y en a de deux sortes.

Les unes, où l'élection est libre & absoluë, que les Docteurs appellent *voti liberi*, où le choix n'est astraint, ni à certaine Nation, ni à certaine Famille, & où les Elisans font choix de telle personne qu'ils en trouvent digne, soit dans le Païs même, soit au dehors. Telle estoit autrefois la Royauté chez les Carthaginois, tel a esté & est encore à present le Royaume de Pologne.

Les autres, que les Docteur sappellent *voti restricti*, où l'élection est restrainte à la Nation même, comme la Royauté des Romains.

Les Souverainetez *Electives*, soit de l'une, soit de l'autre espece, ne peuvent estre alienées, parce que telle est la constitution de ces Etats; que les Peuples en se soumettant à un Prince, se sont reservé le droit de le choisir, & qu'en un mot la Souveraineté cesseroit d'estre élective, si celuy qui ne la tient que de la volonté & de l'élection d'autruy, pouvoit se choisir luy-même un successeur, contre le droit des Elisans.

Quant aux Souverainetez *Successives*, il faut avec nos meilleurs Auteurs en distinguer de deux sortes.

Les unes, qu'ils appellent purement *Successives & Usufructuaires.*

Les autres, qu'ils appellent *Hereditaires & Patrimoniales.* Celles-là sont déferées par le seul droit du sang, par une espece de succession necessaire & de substitution perpetuelle, soit en faveur des mâles seuls, comme le Royaume de France, soit en faveur des filles au defaut des mâles, comme l'Espagne, l'Angleterre & la Suede.

Celles-cy au contraire, se déferent & se transmettent par droit d'heredité, comme tout autre patrimoine; Et c'est par cette raison qu'on les appelle *Hereditaires & Patrimoniales*, comme le Royaume d'Arragon, celuy de Majorque, & plusieurs autres, dont il sera parlé dans la suite.

Cette distinction, dont tous les Docteurs conviennent, est tres-clairement expliquée par du Moulin: Il cite pour exemple d'une Souveraineté *purement Successive*, le Royaume de France, à la difference de tant d'autres Etats, qui sont hereditaires & patrimoniaux. *En France* (dit ce grand homme) *la succession du Royau-*

me n'est point hereditaire ou patrimoniale ; c'est une simple succession ou subrogation de l'aîné ou plus prochain mâle, à qui le Royaume appartient, par la Loy & la Coûtume du Royaume, non par droit hereditaire & patrimonial, mais par le seul droit de filiation & du sang ; en telle sorte que le Roy n'en peut pas disposer par Testament.

In Regno Franciæ, non habetur successio hereditaria, sive patrimonialis ; sed simplex successio, sive subrogatio primogeniti vel proximioris agnati, cui Regnum debetur, ex sola lege vel consuetudine Regni, à qua sola jus accipit, & non à patre vel alio predecessore, sed à lege Regni ; unde nec patrimoniale, sed merè iure filiationis vel sanguinis competit ita quod Rex non posset de Regno testari. *Molin. Cons. Par. §. 8. gl. 9. n. 8.*

Ainsi la Souveraineté *purement Successive* est de sa nature inalienable ; parce que le Souverain ne la reçoit, qu'avec la charge de la remettre à son Successeur, par une subrogation ou substitution legale : C'est la Loy qui luy donne ce Successeur, il n'est pas à son pouvoir de s'en choisir un autre, ni entre les étrangers, ni entre les Parens, ni même entre ses Enfans, de même que dans les substitutions ordinaires, l'institué ne peut se faire un autre heritier, ni transferer le droit par aucune disposition à un autre qu'au substitué.

C'est par cette raison aussi que ces Souverainetez *purement Successives* sont appellées *Usufructuaires*, parce que le possesseur n'en a veritablement que l'administration & l'usufruit, & non la proprieté ni la disposition.

La Souveraineté *Hereditaire & Patrimoniale* au contraire est susceptible de toute alienation ; par Donation, par Testament, par toute autre disposition, de même que les autres patrimoines : Le Souverain peut se donner un successeur, même entre les Etrangers ; il peut à plus forte raison (& sur tout quand il n'y a point d'enfans) préferer dans sa famille un parent plus éloigné à tous les autres, quoyque plus proches. * *Si c'est* (continuë du Molin) *un Royau-*

* Si autem esset Regnum quod iure hæreditario deferetur, qualia sunt Regnum Arragonum, Regnum Maiorica-

me hereditaire, tels que sont les Royaumes d'Arragon & de Majorque, &c. J'estime que le Roy pourroit en dispo-ser au prejudice de tous parens collateraux, comme d'un bien patrimonial.

Grotius, qui a plus aprofondi qu'aucun autre, les matieres du Droit public, établit par tout la même distinction, comme un principe non contesté. *De même* (dit ce sçavant homme) *qu'un domaine, un droit de servitude, & toute autre espece de biens peut estre pos-sedé par les uns en pleine proprieté*, jure pleno proprietatis; *par les autres en usufruit*, jure usufructuario; *Et par d'autres pour un temps limité*, jure temporario: *Ainsi la Souveraineté*, summum Imperium, *peut estre possedée ou pour un temps, comme autrefois la Dictature chez les Romains, ou en usufruit comme tous les Royaumes électifs, & purement successifs, ou en pleine proprieté*, comme un grand nombre d'Etats, dont les exemples seront rapportez dans la suite.

num, puto quod deficientibus liberis, posset in præiudicium agnatorum & quorumcumque collateralium de Regno disponere, utpote patrimoniali. *Molin. gloss. supra.*

Ut enim res & ager, ita & iter, actus, via. Sed hæc alii habent iure pleno proprietatis, alii iure usufructuario, alii iure temporario. Ita summum Imperium Dictator Romanus habebat iure temporario: Reges denique tam qui primi eliguntur, quam qui electis legitimo ordine succedunt, iure usufructuario: at quidam Reges pleno iure proprietatis. *Grot. de Iur. Bel & Pac. Lib. 1. cap. 3. §. 11.*

Cet Auteur marque deux cas où les Royaumes & les Souverainetez sont tenuës *pleno jure*, en pleine proprieté.

L'un, *Quand les Rois ont acquis la Souveraineté par droit de conqueste*; parce qu'alors ils en font leur propre bien: Et comme ils ne la tiennent que d'eux-mêmes, ils ne reçoivent point de loy ny de condition d'autruy.

Quando Reges iusto bello Imperium quæsiverunt. *Ibid.*

L'autre, *Quand les Peuples mêmes, obligez de se rendre au Conquerant, se soumettent à luy, sans aucune exception ni condition*; parce qu'en ce cas on présume, ou que

Aut in quorum ditionem, populus aliquis maioris mali vitandi le Peuple qui s'est rendu à la discretion du Conquerant n'a pas demandé la condition, ou que le Conquerant n'a pas voulu l'accorder.

causa, ita se dedit ut nihil exciperetur. Grot. sup.

De cette distinction, comme d'un principe universel, Grotius tire dans tout le cours de son Traité, les caracteres & les differens effets des *Souverainetez Patrimoniales & des Usufructuaires*. On peut les reduire à quatre differences essentielles pour nôtre sujet, & qui s'appliqueront parfaitement aux usages particuliers de la Principauté de Neufchatel.

La premiere difference regarde *la Succession ab intestat*, & sur ce point Grotius propose entr'autres deux questions remarquables, qu'il resout par nôtre distinction.

La premiere, si le Royaume peut être partagé entre les enfans ou autres heritiers? Et voicy comme il la decide: *Si le Royaume est patrimonial, il est de droit divisible, & les filles mêmes y ont part, s'il n'y a une loy speciale qui s'y oppose: S'il n'est pas patrimonial, il n'est pas divisible.*

Or dans ces Etats patrimoniaux, si par une Loy particuliere il a esté arresté que le Royaume ne seroit pas divisé, *Si dictum sit, ne dividatur Regnum*, en ce cas l'aîné mâle, & au defaut de mâles la fille aînée y succede, mais à la charge de recompenser ses coheritiers par estimation de la valeur de leurs parts; de même à peu prés que nous en usons dans nos Fiefs de dignité, que nous appellons impartables; & dans lesquels neanmoins l'aîné doit donner aux puisnez leur part, ou en nature, ou en estimation.

In Regnorum successione distingui debent. Regna, quæ pleno jure possidentur & in patrimonio sunt, ab his quæ modum habendi accipiunt ex populi consensu: prioris generis Regna dividi possunt, etiam inter mares & fœminas. *Groti lib. 2. cap. 7. §. 12*

Si le Royaume n'est pas patrimonial, bien qu'il ait esté fait successif, par le libre consentement du peuple ; en ce cas, *ex præsumpta populi voluntate*, le Royaume est indivisible, parce que le peuple en déferant le Royaume, est censé avoir voulu ce qui estoit le plus avantageux, & que le Royaume non divisé subsiste mieux.

Quæritur an filius à patre exhæredari possit, ut ne in Regnum succedat ? in quo distinguenda sũt Regna alienabilia à non alienabilibus, nam in alienabilibus dubiũ non est quin exhæredatio procedat, cũ à bonis aliis nil differãt. Sed in non alienabilibus idem non procedat. *Grot. lib. 2. cap. 7. §. 25. & 26.*

La seconde question proposée par Grotius ; *Si le fils qui devroit succeder au Royaume, peut-on estre exclud par exheredation ?* Et voicy la resolution, *Si c'est un Royaume patrimonial ou alienable, l'exheredation aura lieu ; Si c'est un Royaume inalienable & non patrimonial, l'exheredation sera nulle.*

La raison en est bien naturelle; Dans les Royaumes patrimoniaux, comme on peut instituer un successeur par Testament, on peut aussi l'exhereder. Dans les Royaumes non patrimoniaux, au contraire, comme c'est la Loy seule, ou la volonté du Peuple qui dispose, on ne peut exhereder le successeur de même qu'on ne peut l'instituer.

Dum Rex ætate aut morbo fungi potestate suâ impeditur ; In Regnis quæ non sunt patrimonialia, tutela eorum est quibus lex publica, aut eâ deficiente, consensus populi eam mandat. In Regnis verò patrimonialibus, quos pater aut propinqui elegerint. *Grot. lib. 1. cap. 3. §. 15.*

La seconde difference regarde *la Regence ou la Tutelle* ; lorsque le Roy ou le Prince, soit par sa minorité, ou par son infirmité, est hors d'estat de s'acquitter du Gouvernement : A qui dans cette occasion appartiendra-t-il de donner la Tutelle, ou au Peuple, ou à la Famille ? Il faut distinguer les Royaumes patrimoniaux de ceux qui ne le sont pas ; *Dans les Royaumes non patrimoniaux, la Regence appartient à ceux à qui la Loy du Pays ou le choix des Peuples la défere ; Mais dans les Royaumes patrimoniaux, la Tutelle se donne à celuy que le Pere ou les Parens auront choisi.*

La Troisiéme difference concerne *les Contracts & les hypotheques du Prince.* On demande si le Prince peut en contractant engager ses successeurs ? Grotius y répond par la même distinction. *Si c'est un Royaume hereditaire & patrimonial, l'heritier soit testamentaire, soit ab intestat, qui succede au Royaume comme au patrimoine, est chargé des dettes du Prince predecesseur.*

Si c'est un Royaume purement successif comme le successeur ne tient pas son droit du predecesseur; mais de cette substitution legale & perpetuelle que le Peuple y a attachée, il n'est point tenu de ses dettes ni de ses faits.

La quatriéme difference regarde *la faculté même d'aliener & de disposer.* Si le Royaume n'est pas patrimonial, comme le Prince en ce cas ne le tient que du choix & du consentement du Peuple, l'alienation ne luy en est pas permise; & pour en disposer, il faut que deux consentemens concourent.

Veniamus ad successores, de quibus adhibenda distinctio est; sint ne omnium bonorum hæredes, ut qui Regnum quod in patrimonio est, testamento vel ab intestato accipiunt: an successores Regni duntaxat putat ex electione nova &c. nam qui bonorũ omnium ita ut Regni hæredes sunt, quin promissis & contractibus teneantur, dubitandum non est; pro debitis etiam personalibus bona defuncti ut obligata sint, ipsi rerum dominio coævum est. *Grot. lib. 2. cap. 14. §. 10.*

Celuy du Peuple, parce que *dans les Royaumes que l'on ne tient que de la volonté & du choix du Peuple, on ne presume pas que le Peuple ait voulu permettre au Roy la libre alienation de son Royaume.*

In his Regnis quæ populi voluntate delata sũt concedo non esse præsumendum eã fuisse populi voluntatem, ut alienatio Imperii sui, Regi permitteretur, *Grot. lib. 1. cap 3. §. 13.*

Et celuy du Roy même, parce qu'il a interest du moins comme usufruitier, que *son usufruit ne luy soit pas osté malgré luy.*

Quod ei invito auferri non debet. *Ibid.*

* Maïs si le Royaume est patrimonial, le Prince qui le tient jure proprio, a la pleine liberté de l'aliener comme son patrimoine.

C'est par cette même distinction que cet Auteur resout la question de sçavoir, *Si le Prince par un Traité de Paix, peut aliener son Royaume en tout ou en partie? Il ne le peut s'il n'est qu'usufruitier; il le peut s'il est proprietaire.*

Entre les manieres d'aliener, Grotius comprend la disposition par Testament; & il en rend cette belle raison; * *Qu'encore que le Testament, comme tous les autres Actes reçoivent leur forme particuliere du Droit Civil, neanmoins leur substance*, c'est-à-dire la liberté de disposer, *est de droit naturel.* Et comme on peut aliener son patrimoine par disposition entre-vifs, on peut pareillement & à plus forte raison l'aliener par disposition à cause de mort, & avec liberté de revoquer. *Et ce dernier genre d'aliénation*, dit Grotius, *n'est autre chose qu'un Testament.*

Voila les grandes maximes attestées par cet homme consommé plus qu'aucun autre dans la science du Droit public; Tous les autres Auteurs qui ont traité des choses politiques, sont dans les mêmes principes.

Pufendorf, dont l'autorité dans les Matieres de Droit public, suit de prés celle de Grotius, s'en explique en ces termes: *Le droit de la Royauté estant une fois acquis & conferé à quelqu'un par succession, se continuë à sa posterité; Or cette succession s'établit ou par la volonté du*

* Sicut autem res aliæ, ita & imperia alienari possunt ab eo cujus in dominio vere sunt, id est à Rege si Imperium habeat. *Grot. lib. 2, cap. 6. § 3.*

Imperium aut totum, aut ejus partem, Reges quales sunt nunc plerique regnum habentes non in patrimonio, sed tanquam in usufructu, paciscendo alienare non valent. At in Regnis patrimonialibus, quominus Rex Regnum alienet nihil impedit. *Grot. lib 3. c. 20. § 5. art. 3.*

* Illud quoque sciendum est cum de alienatione agimus, sub eo genere nobis etiam testamentum comprehendi. Quanquam enim testamentum, ut actus alii formâ certam accipere possit à jure civili, ipsa tamen ejus substantia cognata est dominio, & eo dato iuris naturalis. *Grot. lib. 2. 6. § 14.*

Jus Regni semel alicui partum per successionem, aut in

du Roi même, ou par celle du Peuple; Les Rois qui ont leurs Royaumes en patrimoine, ont par cette raison droit d'en disposer comme il leur plaira, & la declaration qu'ils font sur cela de leur volonté, ne doit pas moins estre suivie que le Testament d'un pere de famille particulier; Ainsi dans ce cas (c'est-à-dire dans le cas du Royaume patrimonial) *Le Roi pourra partager son Royaume par partions égales entre ses enfans, sans considerer la difference des sexes; Il pourra même, au défaut d'enfans legitimes, le transferer à son enfant naturel; C'est ainsi qu'Alfonse Roi d'Arragon, confera le Royaume de Naples, qu'il avoit conquis, à Ferdinand son fils naturel.*

aliquem collatum, in posteris eius continuatur. Est autem ipsa successio constituta, vel arbitrio ipsius Regis, vel arbitrio populi. Regibus qui Regna sua in patrimonio habent, jus quoque competit pro lubitu super successione disponendi, qui ubi expressè circa eandem voluntatem suam declararunt, illa utique non minùs quàm privati patris familias testamentum fuerit sequendam: Quo casu poterit Rex, illud suum Regnum æquis portionibus inter plures liberos dividere, etiam non considerato sexus discrimine, ac transferre illud, legitimis deficientibus, in naturalem filium. Ita Alfunsus Arragoniæ Rex, Regum Neapolitanum, bello partum, in filium suum naturalem contulit. *Pufendorf. de Iur. Nat. & Gent. lib. 7. cap. 7. §. 11.*

Besolde, dans ses Dissertations politiques, ramasse toute cette doctrine des Royaumes hereditaires & patrimoniaux, en ces termes: [a] *Dans les Etats patrimoniaux le Prince peut, par Testament & par tout autre Acte de derniere volonté, disposer de son Royaume, comme il luy plaist; même se faire un heritier & un successeur par adoption.*

[a] In hæreditario Imperio, testamento vel simili alio ultimi elogii genere, de Regno suo disponere pro arbitratu arrogatione aut adoptione filium sibi facere, potis est Princeps. *Besold. Diss. Polit. 2. §. 2.*

[b] *Il peut le donner, le vendre, le constituer en dot; il peut même (s'il n'y a point de Loi expresse au contraire) choisir pour successeur un étranger: Ainsi rien n'empêcha l'Empereur Nerva, d'appeller aprés luy Trajan Espagnol de nation, quoy*

[b] Donare, cessione dare vel in dotem datione transferre licet patrimoniale Regnum. *Idem §. 4.* Leges etiam ni prohibeant fundamentales, tum quoque poterit nominari peregrinus; sic non deterruit Nervam, quod Traianus homo Hispanus, qui nec Italus nec Italicus erat, quoque ante eum alterius

qu'il ne fût ni né, ni originaire d'Italie, & quoy que nul Etranger avant luy, n'eût esté élevé à l'Empire Romain.

[a] *Il peut, sans aucun doute, élire entre ses enfans celuy qu'il veut. Les Historiens sont pleins d'exemples de cette liberté des peres à se designer pour successeur, celuy des enfans qu'ils trouvent à propos de preferer; C'est ainsi que Pyrrhus promit de laisser son Royaume à celuy de ses enfans qui auroit l'épée la plus aiguë; C'est de cette maniere aussi qu'un certain Comte d'Emden nomma pour successeur celuy de ses enfans qu'il en avoit jugé le plus digne.*

Cabot dans ses disputes du Droit public, renferme toute nostre distinction en peu de paroles; [b] *Il faut faire difference entre le Royaume hereditaire & le successif; Quand le Royaume est hereditaire, le pere peut exhereder son fils, exclure du Royaume son parent le plus proche, & instituer tout autre pour heritier de son Royaume; mais quand le Royaume est déferé par la Loi ou par la Coûtume* (c'est ce que nous appellons successif) *le pere ne peut en exhereder son fils; parce qu'alors, le fils ne tient pas le Royaume comme heritier de son pere, mais par un droit que la Loy ou la Coûtume luy donne.*

Zipæus regarde cette verité comme connuë de toutes les Nations & de tous les temps: [c] *Tous les Historiens* (dit-il) *de tous les siecles, & de toutes les Nations,*

nationis nemo obtinuerat Imperium Romanum *Idem §. 8. post Dionis. Hist. Rom. 68.*

a Integrum est Principi, in hæreditario Regno, libero quem velit voto, ex suis eligere filiis, dubitatione vacare dicunt: Et in Historiis undique sunt obvia exempla iudicii parentum in designando sibi successore qui placuerit ex filiis, liberrimi omninò; sanè Pirrhus ei qui ex filiis suis gladium habuerit magis acutum, Regnum se relicturum spopondit. Et Comes quidam Emdensis ex liberis dignissimum, hæredem nominavit. *Idem §. 5.*

b Differentia ponitur inter Regnum hæreditarium & legitimum, quod ubi iure hæreditario succeditur, potest pater filium exhæredem facere, vel proximiorem agnatum excludere Regno & alium hæredem Regni instituere. Quoties autem lex vel consuetudo Regnum defert, non potest pater filium exhæredem facere, quia filius non recipit Regnum tanquam hæres patris, sed quoniam lex vel consuetudo Regnum ei dat. *Cabot. Disput. Iur. Publ. lib. 1. cap. 14.*

c Regna olim data fuisse omnium sæculorum, gentiumque Historiæ potestantur, datione, testa-

ass[illegible] que les Royaumes ont esté conferez par Testament, par [illegible], par adoption, par donation, par vente, par cession, par transaction. Et il en rapporte un grand nombre d'exemples.

Hornius, dans son Traité *de Civitate*, n'est pas moins précis: [a] *La succession d'un Royaume peut se transferer par la voye de la donation; Elle peut de même sans aucun doute s'acquerir par Testament, quoi que Crantzius regardant la Coutume de son Païs, ait trouvé étrange une pareille disposition, faite par le Roi Unguinus. En un mot,* continuë cet Auteur, *l'élection faite par le Roi est parfaite, quand le Roi possede ses Royaumes en patrimoine.*

Schonborn, dans ses Oeuvres politiques, n'est pas moins affirmatif: [b] *Il est hors de toute controverse, que le Royaume peut s'acquerir par Testament, si celuy qui possede son Royaume en pleine proprieté en a fait un autre heritier; Il n'y a* (ajoûte-t-il) *que Crantzius seul qui en ait formé un doute.*

Gregoire Toulouzain, exprime tres-bien la même distinction du Royaume hereditaire & du successif, en ces termes: [c] *Autre chose est de succeder à un Prince défunt par le droit d'heredité; Autre chose par le droit de la Loi & de la proximité. Quand le Royaume est déferé par droit d'heredité, il est en libre disposition du mourant; il n'est astraint ni à la Loi de l'élection, ni à aucun autre, & l'on*

mento, adoptione, donatione, emptione, cessione; unde quam plurima affert exempla Zipæus *ad Cussanum c. 4. à p. 17. ad 13.*

a Ex titulo donationis quoque successio datur: Ex testamento acquiri Regnum dubio caret; quamvis rem novam in Unguino id notet Crantzius, respiciens, nempe, mores Norvagiorum. In his omnibus intelligenda est electio per acta Rege absolutè Regnum habente. *Hornius de Civit. lib. 2. cap. 9. § 18. n. 10.*

b Testamento acquiri Regnum extra controversiam est, si scilicet is qui per successionem plenum ius disponendi de suo Regno habet alium hæredem Regni instituerit: solus Crantzius de ea re dubitat. *Schonborner Politic. lib. 2 cap. 18.*

c Aliud est succedere in locum de mortui iure hæreditario, aliud iure legis & proximitatis seu primogenituræ: nam quando Regnum defertur *y ſuccede par la volonté du défunt, ou expreſſe quand il en diſpoſe par le Teſtament, ou tacite quand il la laiſſe ab inteſtat.*

iure hæreditatio, quod fuerit in libera morientis diſpoſitione, nec electionis alia lege obſtrictum, ex voluntate defuncti ſuccedi tur, vel expreſſa, per Teſtamentum, vel tacita ab inteſtato. *Gregor. Tholoſ. de Repub. lib. 7. cap. 12. §. 1. Plurima exempla annumerat à §. 1. uſque ad cap 12.*

Crantzius, comme ces Auteurs l'ont remarqué, a donc eſté le ſeul, qui prévenu des mœurs de ſon Païs, ne faiſant attention ni aux principes generaux, ni aux exemples étrangers, a trouvé extraordinaire, que Unguinus Roy de Norvege eut diſpoſé de ſon Etat par Teſtament. Et comme cet Auteur eſt le ſeul que les adverſaires de M. le Prince de Conti puiſſent citer, pour Partiſan de l'inalienabilité pretenduë de toute Souveraineté en general ; on peut auſſi leur faire le même reproche que les autres Auteurs faiſoient à Crantzius ; que pleins de l'idée du Royaume de France, & de la maniere preſque unique d'y ſucceder, ils veulent juger de même, de tous les autres. Ils voudroient que la Loy Salique fût la Loy de tout le monde.

Ils ſe font ſur cela des difficultez qui ne conſiſtent que dans de grands mots, dans des lieux communs, *Quoy une Principauté alienable ! On nous vendra donc, on nous changera, on nous fera paſſer dans des Familles que nous craignons !*

Cette objection plus patétique dans les termes, que ſolide dans le raiſonnement, n'a pas eſté oubliée par nos Auteurs politiques.

Quand un Etat eſt aliené (dit Grotius) *ce ne ſont pas les hommes qu'on aliene, mais le droit de les gouverner ; de même à peu prés qu'un Seigneur vendant ſon fief, ne vend*

Cum populus alienatur, non ipſi homines alienantur, ſed ius perpetuum eos re-

[illegible] ainsi, mais le droit de feudalité qu'il a sur eux.

[illegible] inconvenient donc, quel mal arrive-t-il de l'inhabilité? Par-là, le Peuple change de Souverain malgré soy, on luy en donne un sans sa participation & sans son choix; cela est vray: mais ce même changement n'arrive-t-il pas par la succession *ab intestat*, comme par la succession testamentaire? L'heritier *ab intestat* n'est-il pas Souverain malgré le Peuple, sans son consentement & sans son choix, de même que l'heritier par Testament? Et l'heritier que donne la Loy, n'a-t-il pas souvent des qualitez moins convenables au bien de l'Etat, que celuy dont le Prince prédecesseur a fait choix? Dans la succession *ab intestat*, c'est le hazard qui fait le Souverain; dans la succession testamentaire au contraire, c'est le discernement du Testateur qui agit; il profere, soit dans sa famille, soit dans ses amis, celuy qu'il croit le plus digne de remplir sa place.

On nous fera passer, dit-on, par un Testament dans des Familles que nous craignons; mais ce mal n'arrive-t-il pas par les mariages & par les alliances, dans tous les Royaumes où la Cynæcocratie a lieu? Que la fille heritiere de la Couronne se marie, ou qu'aprés estre mariée elle succede à la Couronne, ne la transmet-elle pas, malgré elle-même & malgré son peuple, à ses enfans? Ne passe-t-elle pas par eux à la famille de son mary, soit amie, soit opposée à cet Etat? Si Me de Nemours avoit des enfans de son mariage, & que M. l'Abbé d'Orleans n'eut point testé, Noufchatel ne passeroit-il pas dans la Maison de Savoye, malgré le peuple?

gendi; si cum uni liberorum patroni libertus assignantur, non hominis liberi fit alienatio, sed ius quod in hominem competit, transcribitur. *Grot. lib. 1. cap. 3. §. 12 n. 2.*

Au contraire, si la succession des filles est regardée comme un mal dans les Royaumes successifs, la liberté de disposer en est le remede assuré dans les Royaumes patrimoniaux. Et de bonne foy, n'est-il pas plus avanrageux à un Peuple, de recevoir un Prince capable de le gouverner, de la main du Predecesseur, qu'une Princesse, quelques grandes qualitez qu'elle puisse avoir, de la main de la Loy ?

Enfin, pour passer des principes aux exemples, peut-on douter qu'il n'y ait des Souverainetez qui peuvent estre alienées, données entre-vifs & leguées par Testament, quand on en voit plusieurs qui l'ont esté ?

Les exemples dans l'antiquité en sont infinis, Grotius, *lib. 1. c. 3. n. 3. 4. 5. & 6.* en ramasse plusieurs ; entr'autres les Royaumes conquis par Alexandre, donnez à ses Favoris ; le Royaume de Pergame donné par Attalus au Peuple Romain. Il raporte sur cela ce passage memorable de Florus : *Adita igitur hæreditate Provinciam Populus Romanus, non quidem bello nec armis, sed quod est æquiùs, Testamenti jure retinebat.*

Le Royaume d'Egypte legué pareillement par le Roy Appion au Peuple Romain. *Quis ignoret* (dit Tacite Annal. 14.) *Regnum Ægipti, Testamento Regis Alexandrini Populi Romani esse factum.*

Mais sans rechercher l'antiquité la plus éloignée, n'avons-nous pas devant nos yeux, dans nos Provinces mêmes, & dans les temps qui aprochent plus prés de nous, des exemples de Royaumes & de Souverainetez alienées, par toutes sortes de dispositions.

On en peut raporter de trois especes toutes également considerables.

La premiere, de differentes Souverainetez voisines ou de pareille qualité que celle de Neufchatel.

La seconde, des alienations du Royaume de la petite Bourgogne, dont le Comté de Neufchatel faisoit autrefois partie, & du Royaume d'Arles, auquel celuy de la petite Bourgogne avoit esté incorporé.

La troisiéme, de plusieurs Provinces & Etats qui [illegible] de la petite Bourgogne, & qui [illegible] comme Neufchatel.

[illegible] de plusieurs Souverainetez voisines, [illegible] que Neufchatel.

[illegible] d'ignorer la donation [illegible] le 23. Avril 1343, par Humbert [illegible] Viennois, à Philippe fils du [illegible] Valois du Dauphiné, du Duché [illegible] la Principauté de Briançon, du [illegible] des Comtez de Vienne, [illegible] d'Embrun & de Gap, [illegible] les Baronnies de [illegible] Faussigny, &c. Et c'est à cause de cette donation que les Fils aînez [illegible] le nom de Dauphin.

Duchesne dans les preuves de l'Histoire des Dauphins de Viennois. pag. 68. & seqq où il rapporte la donation en entier.

[illegible] Jeanne de Savoye veuve de Jean III. Duc de Bretagne, n'ayant point d'enfans, donna par donation entre-vifs à Philippe Duc d'Orleans, Comte de Valois son cousin, les droits qui luy étoient échus sur la Savoye, par la mort d'Edoüard Comte de Savoye son pere, arrivée [illegible].

Duchesne Hist. des Duce de Bourg. tom. 2. pag. 109. & 110. & dans les Preuves pag. 121.

En 1346, le [illegible] Fevrier, Philippe de Valois, au nom du Duc d'Orleans son fils, ceda ces mêmes droits à

Duchesne ibid. Guichenon Hist de Savoye, lib. 2. c. 23.

Amé VI. Comte de Savoye, en échange de quelques Terres qu'il avoit en France, & de deux mille livres de rente sur le Tresor Royal.

Duchesne Hist. des Dauf. de Viennois, cap. 12.

En 1343, le 14 Septembre, Thomas II. Marquis de Saluce, fit donation entre-vifs de ce Marquisat à Humbert Dauphin de Viennois.

Id. *Hist. de Bourg. lib. 4. cap. 64.*

En 1475, Guillaume fils de Louis de Châlon, vendit le droit de Souveraineté de la Principauté d'Orange, au Roy Louis XI. pour le prix de quarante mille Ecus ; le Roy luy permit neanmoins de conserver le nom, & de s'intituler, *Par la grace de Dieu, Prince d'Orange ;* même de donner grace, battre Monnoye, & autres privileges, sans prejudice de l'hommage lige.

Duchesne lib. 4. cap. 9. & 61.

En 1481, René dernier Comte de Provence, donna ce Comté à Louis XI. Et c'est par cette donation que la Provence a esté unie à la Couronne.

Bouche Hist. de Provence tom. 2. pag. 892.

La Principauté de Monaco est entrée dans la Maison de Grimaldi, par une donation de l'Empereur Othon à Grimaldus I. tant en reconnoissance des signalez services qu'il avoit rendus à cet Empereur en France, lors qu'il y vint au secours de Louis IV. Roy de France, que pour avoir chassé de cette Forteresse les Sarazins qui l'avoient occupée.

La Principauté de Sedan appartient aujourd'huy à la France, par l'échange fait entre le Roy & feu M. le Duc de Boüillon en 1651.

La Souveraineté de Dombes est passée à M. le Duc du Maine en vertu de la donation de Mademoiselle de Montpensier.

Et pour nous aprocher encore plus de Neufchatel, voici

[illegible] exemples voisins de cette Principauté.

[illegible] Villes & Seigneuries qui composent aujourd'huy le Païs de Vaud, contigu au Comté de Neufchatel, furent acquises dans le treiziéme siecle, par Pierre de Savoye Comte de Romont, qui les acquit en divers temps de plusieurs Seigneurs, & en forma un corps de la Seigneurie de Vaud, dont il fut le premier Seigneur.

Guichenon Hist. de Savoye, lib. 2. cap. 12.

Amé VI. Comte de Savoye, surnommé le Verd, acheta au mois de Juillet 1359, de Catherine de Savoye Comtesse de Namur, la Baronnie de Vaud, tenant aujourd'huy en toute Souveraineté par Mrs de Berne ; & en partie par Mrs de Fribourg, pour le prix de soixante mille florins d'or.

Guichenon Hist. de Savoye, lib. 2. cap. 23. & lib. 3. cap. 10.

Odo de Villars Seigneur de Baux, Comte de Geneve, vendit le 5 Aoust 1401, son Comté de Geneve à Amé VIII. Comte de Savoye, pour la somme de quarante-cinq mille francs d'or, qui de plus luy donna en échange la Seigneurie de Chasteauneuf.

Guichenon Hist. de Savoye, lib. 2. c. 25.

Le Roy Henry IV. acquit le 17 Janvier 1607, de Charles-Emanuel Duc de Savoye, la Bresse, le Bugey, le Verromey & la Baronnie de Gex en toute Souveraineté, par échange contre le Marquisat de Saluce.

Traité de Paix de Lyon.

Alienations du Royaume de la Petite Bourgogne & du Royaume d'Arles.

La Petite Bourgogne, autrement appellée Bourgogne Tranjurane, a esté plusieurs fois alienée, tant par donation que par Testament. En voici trois exemples non contestez.

L

Lothaire Roy d'Austrasie & de Bourgogne, la donna en 860, à Hugues Abbé de S. Richer son beau frere, qui en joüit jusqu'en 867, qu'il fut tué prés d'Orbe en Suisse.

Duchesne lib. 2. cap. 12. Gollut. Rep Sequan. lib. 4. cap. 12.

Rodolphe III. surnommé le Faineant, descendant de ce même Hugues, n'ayant point d'enfans, la donna en 1029 à Henry III. fils de l'Empereur Conrard le Salique, & luy envoya tous les Ornemens Royaux: *Eâ tempestate* (dit Otto Frisigen, qui écrivoit en ce temps-là) *Rodolphus Burgundiæ & Lugdunensis Galliæ Rex, moriens, Henrico filio Regis, nepoti suo, Regnum cum diademate aliisque insignibus, sub Testamento misit.* En consequence dequoy les Evêques de Lyon, de Vienne, d'Arles, de Besançon, de Geneve, de Lauzane & de Basle, jurerent la fidelité entre les mains de l'Empereurd Conrard, au nom de son fils Henry.

Gollut. Rep. Sequan. lib. 4. c. 31.

Henry V. Empereur, petit fils d'Henry III, indigné du refus que fit Renaud Comte de Bourgogne, de luy faire l'hommage de ce Comté, le reprit, & le donna en 1127, à Conrard Duc de Zeringhen, Gouverneur de Zurich; Ce qui ayant causé de grandes guerres entre Renaud & Conrard, elles furent terminées par le mariage de l'Empereur Frederic Barberousse, avec Beatrix fille unique de Renaud; On luy rendit la Franche-Comté, & elle ceda par accommodement à Bertold de Zeringhen fils de Conrard, la Bourgogne Transjurane, comprise sous les Evêchez de Lauzane, Geneve & Syon.

Duchesne lib. 4. cap. 12. Gollut. lib. 6, c. 5. Stumplius Chron. de l'Europe, vol. 2. p. 319. Guichenon Hist. de Savoye, lib. 1, c. 12.

Les Historiens remarquent que la Provence & le Viennois, ayant esté joints au Royaume de la Bourgogne Transjurane, il fut appellé le Royaume d'Arles [illegible] Royaume a esté aussi souvent alienė par differentes dispositions.

En 1224. l'Empereur Frederic I. surnommé Barberousse, donna le Royaume d'Arles à Guillaume de Baux Prince d'Orange. *Duchesne lib. 4. cap. 9. & 61.*

En 1257. Raimond de Baux Prince d'Orange, & Ermengarde sa femme, cederent par Transaction à Charles Duc d'Anjou, de Provence & de Forcalquier, frere du Roy S. Louis, les droits qu'il avoit dans le Royaume d'Arles. *Ibid.*

[illegible] Ensuite Charles IV. Empereur, donna entierement le Royaume d'Arles à Louis d'Anjou frere du Roy Charles V. pour luy & ses heritiers, le démembrant à perpetuité de l'Empire, ainsi que l'écrit Theodoric à Niem Auteur de ce temps-là. *Duchesne lib. 4. cap. 9. & 61.*

Voila les exemples d'alienations, tant du Royaume d'Arles en general, que de la Bourgogne Transjurane en particulier, de laquelle le Comté de Neufchatel faisoit autrefois partie. Voyons maintenant de quelle nature estoient les membres de ce Royaume de la Petite Bourgogne, & comment ils ont esté plusieurs fois alienez.

Alienations des Provinces & Etats qui faisoient autrefois partie de la Petite Bourgogne, comme Neufchatel.

Berne & Fribourg, qui sont aujourd'huy les deux Villes les plus considerables de cette contrée, & qui comme Neufchatel, dépendoient du Royaume de la Petite Bourgogne, ont esté alienées.

Munster Cosmog. univ. lib. 3. p. 413. & 414.

Celle-là au raport de Munster en sa Cosmographie Universelle, fut donnée à l'Empire en 1218, avec toutes ses dépendances, par Bertold V. petit fils de Conrard Duc de Zeringhen & dernier Duc de cette Maison.

Munster lib. 3. cap. 413. Plant. Hist. Gen. de Suisse pag. 126.

Celle-cy, selon le témoignage du même Auteur & d'autres Historiens, fut venduë en 1278, par Eberhard Comte d'Habzburg, à Rodolphe d'Habzburg pour quatre mille mares d'argent. Dans la suite Fribourg se redima à force d'argent de la Maison d'Autriche, & s'établit dans la forme de Republique, où nous la voyons aujourd'huy.

Tiré de l'acte du Testament.

La Ville de Payerne a esté donnée par Testament en 922, par la Reine Berthe, du consentement du Roy Conrard & du Duc Rodolphe ses fils, aux Religieux Benedictins de la même Ville.

Stetler Chron. de Suisse, pag. 74. Plantin pag. 164.

Le Comté d'Arberg fut vendu par Pierre Comte d'Arberg, à Mrs de Berne, avec faculté de remeré ; mais ce même Comte estant atteint de la lepre, il leur en fit une vente pure & simple en 1351.

Munster Stetler Simler, Plantin pag. 176.

La Ville de Bretou fut pareillement venduë en 1385, par Hartman de Kibourg à Mrs de Berne, avec ses dépendances, pour le prix de quarante mille écus.

Stetler pag. 222. Plant. 227.

La Souveraineté d'Erlach appartenante à la Maison de Châlon, fut acquise de même par Mrs de Berne en 1474.

Plant. pag. 472.

Le Comté de Nidau fut vendu par Rodolphe Comte de Kibourg, à Leopold II. d'Autriche ; Et en l'année 1387, ce Comté tomba sous la domination de Berne.

Stetler pag. 185. & 186. Plantin 643.

Le Comté de Gruyeres eut le même sort en 1554. Michel Comte de ce lieu, fut obligé pour ses dettes, de mettre son Comté en discution. Mrs de Berne & de Fribourg ayant acquis les droits des Creanciers pour quatre-vingt-cinq mille écus, acquirent par ce moyen ce Comté, & le partagerent entr'eux. Les Bernois eurent pour leur part Sanen, Rougemont, les Chasteaux d'Oex & la Rossiniere; Et les Fribourgeois toute la basse Gruyere.

[illegible] de Schwartzburg, Grasburg & Gugisberg furent acquises par Mrs de Berne, de la Maison de Savoye [illegible]. Stet. pag. 125.

Ce ne sont pas les seuls exemples des portions de l'ancien Royaume de la Petite Bourgogne, qui ont esté alienées; Mais en voila plus qu'il n'en faut pour prouver que ces Comtez & ces Seigneuries, qui estoient originairement membres du même Royaume & de même nature que Neufchatel, estant alienables, Neufchatel l'est aussi, par une consequence doublement juste, non seulement de la partie à la partie, mais du tout même, aux parties qui le composent.

Mais aprés avoir établi l'alienabilité de la Souveraineté en general par des exemples de tous les lieux, de tous les temps, & sur tout par l'exemple des Souverainetez voisines & de pareille condition; M. le Prince de Conti aura encore l'avantage, de montrer celle de Neufchatel en particulier, par des titres incontestables.

SECONDE PROPOSITION.

Que la Souveraineté de Neufchatel est alienable, & qu'elle a souvent esté alienée par toutes sortes de dispositions.

Le Comté de Neufchatel n'est point une Souveraineté *Elective*, ni dans son origine, ni dans son progrés; Car on ne peut faire voir, soit dans l'Histoire du Païs, soit dans les Titres des Archives, ni que cette Souveraineté ait jamais esté établie par la volonté des Peuples, ni qu'elle ait jamais esté déferée par election.

Ce n'est point non plus une Souveraineté *purement Successive & Usufructuaire*; Car on ne peut faire voir, ni que le Peuple ait imposé cette condition à son Prince en le recevant, ni que le Prince se la soit imposée à luy-même, ni que par une Loy, ou par un Concordat entre le Prince & les Peuples, cette succession necessaire, cette subrogation ou substitution perpetuelle ait jamais esté établie.

Si le Comté de Neufchatel n'est ni une Souveraineté *Elective*, ni une Souveraineté *purement Successive & Usufructuaire*, la consequence est claire, que c'est une Souveraineté *Hereditaire & Patrimoniale*.

Pour en estre convaincu par une preuve positive, il faut reprendre (ce qui a esté cy-dessus touché en passant) que les Comtez de Neufchatel & de Valangin, aussi-bien que ceux de Nidau, d'Arberg, de Gruyere & autres, qui ont souffert l'alienation, estoient anciennement membres de la Petite Bourgogne, ou Bourgogne Transjurane, qui fit dans la suite partie du Royaume d'Arles.

Quoyqu'il soit assez inutile, de rechercher comment le Comté de Neufchatel fut separé, & rendu indépendant du Royaume de la Petite Bourgogne; On peut toutefois remarquer, avec Duchesne, que la lâcheté de Rodolphe III. surnommé le faineant, dernier Roy de Bourgogne, & les troubles survenus

Duchesne lib. 3. cap. 69.

Aprés sa mort pour ce Royaume, donnerent lieu aux Comtes, qui n'estoient alors que les Gouverneurs de leurs Provinces, de s'en rendre les Proprietaires.

Il y a tout sujet de croire que ce fut par cette voye, que le Comté de Neufchatel fut distrait de la Bourgogne Transjurane : Nous en trouvons un témoignage dans Gollut en ses Memoires de la Republique Sequanoise, en ces termes : *Dans lequel Monjoux, Nous devions avoir d'autres Terres & Seigneuries, qui sont vrayement de nostre Comté, & qui estoient appellées aux Etats, comme Orbe, Neufchatel, Valangin, Grandson, Romans-Moûtier, Escles, & autres, desquelles nos Titres font mention. Voire nous trouverons que les Seigneurs de ces lieux se trouvoient en la Congregation des Etats, mêmement le Seigneur de Neufchatel pour le second, & celuy de Grandson pour le quatriéme.*

Gollut Rep. sequam, lib. 2. cap. 12.

Quoyqu'il en soit, il est certain que Neufchatel, ainsi distrait de la Petite Bourgogne, s'est maintenu dans sa Souveraineté.

De ce fait non contesté, se tire trois argumens considerables.

Le premier, que le Comté de Neufchatel ne doit point son établissement, ni sa Souveraineté au choix de ses Peuples.

On sçait même par les Histoires & par les Titres, qu'anciennement le Païs de Neufchatel estoit une espece de desert, qui n'estoit presque habité que de quelques Pêcheurs, & d'un petit nombre de personnes.

Dans la suite, les Seigneurs de Neufchatel ayant formé le dessein de peupler ce Païs, & de le rendre meilleur, trouverent à propos d'accorder à leurs sujets les Franchises & les Privileges, dont sera parlé dans son lieu.

Ainsi tant s'en faut que les Peuples de Neufchatel, fussent en état par leur constitution originaire, ni d'instituer leur prince par leur autorité, ni de luy imposer des conditions, qu'au contraire ils ont reconnu dans tous les temps (comme on le fera voir) qu'ils devoient eux-mêmes à l'autorité & à la grace de leur Prince, les franchises & les privileges dont ils joüissent.

Le second argument est, que si le Royaume de la Petite Bourgogne, dont le Comté de Neufchatel étoit originairement un membre, estoit alienable, & s'il a esté aliené en effet plus d'une fois dans sa totalité, comme on l'a fait voir; la conclusion est infaillible, que Neufchatel estoit pereillement alienable; que le membre n'estoit pas d'une autre condition que le Chef, ni la partie que le tout.

Le troisiéme argument est, que comme plusieurs autres Comtez & Seigneuries qui composoient le Royaume de la Petite Bourgogne ont esté alienez, celle de Neufchatel peut l'estre de même. Car il seroit absurde de proposer que les parties d'un même corps fussent de nature differente entr'elles, & differentes même de celles du corps.

Mais il faut aller encore plus loin; ce n'est pas assez de prouver l'alienabilité de Neufchatel par celle du Royaume de Petite Bourgogne, dont il estoit membre, & par celle des autres membres qui composoient autrefois un même corps; Il faut chercher la condition,

tion de Neufchatel dans Neufchatel même ; & juger de ce qui se peut faire aujourd'huy dans la succession de ce Comté, par ce qui s'est fait dans tous les temps.

[illegible] que dans les Ecrits répandus contre le droit de Mr. le Prince de Conti, l'on a voulu persuader que Neufchatel dans son origine étoit un Fief de l'Empire, & conclure de ce faux principe qu'il estoit inaliénable.

Il n'est point vray que Neufchatel dans son origine, ni dans aucun temps, ait esté un Fief de l'Empire ; Il n'est point vray qu'il en ait esté demembré, moins vray encore qu'il y ait jamais rendu l'hommage.

Nous trouvons à la verité, qu'en l'année [illegible], Rodolphe de Neufchatel voulant se procurer la protection de l'Empereur & de la Maison de Chalon, contre la violence de ses voisins, fit un don de son Comté de Neufchatel à l'Empereur Rodolphe d'Absbourg, non pas pour l'unir à l'Empire, ni pour le retenir dans sa main, mais par forme de fideicommis, & pour le remettre à Jean de Chalon Seigneur d'Arlay.

Cela fut ainsi executé ; l'Empereur Rodolphe remit incontinent aprés le Comté de Neufchatel à Jean de Chalon. Rodolphe de Neufchatel le reprit ensuite en fief du même Jean de Chalon, & c'est par ce moyen que ce Comté a esté pendant un assez long-temps sous l'hommage de la Maison de Châlon.

Mais quelle consequence peut-on tirer d'un tel fait? Il est trés-certain qu'avant ces Actes, le Comté de Neufchatel estoit indépendant, & ne relevoit de personne. Cette donation même faite par Rodolphe de Neufchatel à l'Empereur Rodolphe d'Absbourg, est une preuve de cette indépendance absoluë, & de la liberté parfaite qu'il avoit de disposer de son Comté. Si ce Comté avoit esté inalienable, ni Rodolphe de Neufchatel n'auroit pû en faire le don à l'Empereur, pour le remettre à Jean de Châlon, ni Jean de Châlon le redonner en Fief à Rodolphe de Neufchatel.

On ne peut pas dire que par-là le Comté de Neufchatel soit devenu un moment Fief de l'Empire, puisque ce n'estoit pas, à proprement parler, à l'Empereur qu'il estoit donné, mais à Jean de Châlon, par le canal de l'Empereur, qui n'en estoit qu'un donataire fiduciaire ; Aussi ne fera-t-on point voir que les Empereurs ayent jamais donné aucune investiture aux Comtes de Neufchatel, ni que ceux-cy ayent jamais fait hommage aux Empereurs ?

Il seroit inutile aprés cela d'entrer en dissertation, pour faire voir que s'il y a des Fiefs de l'Empire qui sont inalienables, il y en a plusieurs qui ne le sont pas ; Que même la pluspart des Fiefs de dignité sont de libre disposition, & que par consequent le Comté de Neufchatel, patrimonial dans son origine, auroit pû devenir Fief de l'Empire, sans devenir inalienable & sans cesser d'estre patrimonial. Mais on n'a pas besoin de rechercher la nature des Fiefs Imperiaux, pour juger de celle d'un Etat, qui n'est point & n'a jamais esté Fief Imperial.

Le Comté de Neufchatel a esté veritablement fait pour un temps & contre son origine, Fief de la Maison de Châlon ; Mais tant s'en faut que cette feodalité passagere & precaire, pour ainsi dire, ait changé la nature de ce Comté, ni que de patrimonial qu'il [illegible] l'ait [illegible] inalienable, qu'au contraire [illegible] dans [illegible] là même une preuve de son [illegible]bilité [illegible] même par l'Empereur.

[illegible] le Traité d'alliance qui fut [illegible] l'Empereur Maximilien [illegible] Neufchastel [illegible], il y a un Article dans ce Traité, qui porte [illegible]

De là [illegible] de l'avoir [illegible] l'Empereur [illegible] Et [illegible] Comté se devoit regler par celuy de ce temps-là, ce seroit au Roy [illegible] Comté de Bourgogne, & Seigneur direct de [illegible] & de tous les Fiefs [illegible] de [illegible] de Châlon, qu'appartiendroit la décision du differend.

En second lieu, ce different se jugeroit par la Coûtume du Comté de Bourgogne, dans laquelle les Fiefs sans aucune distinction, comme les autres biens sont de libre disposition. *Si le Vassal*, dit cette Coûtume, *par Testament, donation à cause de mort, ou par autre ordonnance de derniere volonté, dispose ou ordonne en forme dûe de chose quelconque en Fief, celuy ou ceux, au profit desquels ledit Vassal aura disposé ou ordonné, ne seront tenus de requerir au Seigneur feodal son consentement pour en prendre possession; & s'ils le prennent, ledit Seigneur à cette*

Coût. gener. du Comté de Bourgo. cap. 1. art. 6.

M ij

cause n'y pourra prétendre aucun droit de commise.

Il n'y a rien de plus formel pour l'alienabilité, & cet article seroit d'autant plus considerable, qu'effectivement Neufchatel (comme il a esté expliqué) faisoit anciennement partie du Comté de Bourgogne; & que les Comtez de Neufchatel estoient obligez alors d'aller en Franche-Comté faire la reprise du Fief des Comtes de Châlon, qui estoient cadets des Comtes de Bourgogne. Nous voyons même que dans les concessions des franchises accordées par les Comtes de Neufchatel à leurs Peuples, il est dit expressément que c'est *selon les Coûtumes de Besançon.*

Coûtume de Neufchatel, fol. m. 9.

Ainsi tant s'en faut que de cette donation fiduciaire faite à l'Empereur, & de cette feodalité momentanée de la Maison de Châlon, on pût induire aucun argument d'inalienabilité, qu'il en faudroit tirer une consequence toute contraire.

Mais à parler de bonne foy, ce n'est point par ces temps-là qu'il faut juger de la nature du Comté de Neufchatel, indépendant dans son origine & dans l'établissement de sa Souveraineté; Il a repris dés l'an 1530 sa nature primitive; il a esté purifié de cette tache de feodalité, que la necessité des conjonctures luy avoit imprimée pour un temps.

Soit qu'on le regarde dans cette état naturel d'indépendance & de Souveraineté absoluë; soit qu'on le considere dans ces temps, où il a esté soumis à une feodalité étrangere, on va faire voir qu'il a toûjours également conservé sa nature patrimoniale, & de libre disposition.

Pour le faire avec quelque ordre, il faut rappeller ici

les [illegible] de *Grotius* [illegible] Etat patrimonial, & ensuite l'application au Comté de Neufchatel.

Consequemment [illegible] que d'un Etat patrimonial est divisible [illegible] appartient à sa famille, qu'il peut estre [illegible] plus d'un [illegible] qu'il peut estre aliené par toutes sortes de dispositions.

[illegible], que Neufchatel [illegible] a esté deferé à [illegible] plusieurs fois [illegible] qu'enfin il a esté [illegible] donné, [illegible] vifs, soit par [illegible] de plus que cette liberté d'aliener [illegible] disposer a esté reconnuë par les Rois & Princes voisins, par les Cantons alliez & non alliez, & par les Peuples mêmes de Neufchatel.

Que le Comté de Neufchatel a esté plusieurs [illegible] divisé.

Avant d'entrer dans la preuve de ce fait, il est bon de faire deux observations.

La premiere, pour prouver que le Comté de Neufchatel est patrimonial, & que comme tel, il peut estre aliené, on ne seroit pas obligé de prouver qu'il est divisible, & qu'il a esté plusieurs fois divisé: Tout ce qui est divisible est patrimonial, & par consequent alienable; mais tout ce qui est patrimonial & alienable n'est pas toûjours divisible; Un bien peut estre indivisible, ou par une loy speciale, comme parmy nous, par la disposition de nos Coûtumes, les grands Fiefs sont impartables ; ou par une paction particuliere entre les Coproprietaires.

Mais ce bien, quoy qu'indivisible, soit par la Coutume, soit par la convention, n'en est ni moins alienable, ni moins patrimonial ; Le Duc vivant, aura toute liberté de vendre le Duché, que ses enfans aprés sa mort n'auroient pas droit de partager.

Ainsi quand nous ferons voir, que le Comté de Neufchatel est divisible, & qu'il a esté souvent divisé, nous ferons voir à plus forte raison, & par une consequence necessaire, qu'il peut estre alienê.

La seconde observation, quand on recherche si un bien est divisible, & s'il a esté partagé ou non, il faut distinguer deux sortes de partages.

L'un par division réelle, c'est-à-dire, par une separation & une distribution actuelle du tout en plusieurs parts.

L'autre par équivalence, en laissant à l'un des Copartageans le tout en son integrité, & donnant aux autres la récompense de leurs parts, en autres biens, ou en argent.

C'est dans le premier de ces deux sens (c'est-à-dire de la division réelle & actuelle) que dans nos Coutumes, les Fiefs de dignité sont indivisibles & impartables ; On ne souffre pas qu'ils soient morcelez en plusieurs parties, parce qu'une telle dissection en détruiroit la dignité.

Mais dans le second sens, c'est-à-dire de la division par équivalence ; nos Fiefs de dignité sont veritablement divisibles & partageables ; ils entrent dans la masse des biens sujets à partage, soit pour fixer à [illegible] de sa portion, soit pour faire la [illegible]putation [illegible] & tout cela s'appelle [illegible] un partage.

[illegible] n'aurions point de partage du [illegible] par division réelle & actuelle, [illegible] la preuve de nostre proposition, [illegible] des partages faits par équivalence & par [illegible] rapportant des partages de [illegible] l'autre espece, la conclusion sera certai[illegible] que le Comté de Neufchatel a esté divisé, que [illegible] nostre [illegible]

La premiere, dans un acte de l'an [illegible], intitulé [illegible] de Neufchatel, où [illegible] Comte, & Ber[illegible] sont appellez *Cosseigneurs de Neufcha[illegible] les franchises aux Bourgeois de Neufchatel, selon les Coûtumes de Besançon.* Preuve [illegible] Car la possession indivise [illegible] que plusieurs y [illegible] qui ne sont [illegible] c'est un oncle [illegible] chef, & un neveu qui a l'autre [illegible] de son pere.

[illegible] dans une Sentence arbitrale de [illegible], [illegible] Rodolphe de Neufchatel avoit [illegible] Sibille de Montfaucon sa femme, fille de Thierry de Montbéliard, quatre fils & deux filles, ils se rap[illegible] passerent pour leur partage à Thierry de Montbeliard leur ayeul maternel, qui par son Jugement arbitral, pour ne pas démembrer le Comté, l'ajugea à Amé [illegible] fils aîné, donna aux trois autres fils des domaines du Comté même pour leurs parts, & assigna aux deux filles d'autres fonds & des sommes d'argent pour les leurs.

La troisiéme preuve se tire, de ce qui arriva aprés la mort de Rodolphe Comte de Neufchatel, lequel ayant disposé du Comté par son Testament, Louis de Neufchatel son fils eut Neufchatel, avec le titre de Comte, & Marguerite sa sœur eut la Ville de Boudry, la Mairie de Boudeviller & Montesillon, qui sont partie de ce Comté, & cela *conformément à la disposition de leur pere.*

La quatriéme preuve resulte des deux Testamens de Louis de Neufchatel dernier Comte de cette Maison, & du partage fait en consequence.

Par le premier de 1354, ce Seigneur avoit institué tous ses fils, ce qui prouve que le Comté de Neufchatel pouvoit estre possedé par plusieurs, soit divisément ou par indivis.

Par le second de 1373, tous ses fils estant morts, il institua Isabelle & Varenne de Neufchatel ses filles conjointement heritieres.

Ces deux sœurs firent entr'elles le partage des biens de leur pere, le Comté de Neufchatel échût à Isabelle, Varenne eut entr'autres biens la Baronnie de Landeron, qui fait partie de ce Comté.

Ces exemples sont d'autant plus considerables, qu'ils prouvent tout à la fois la division du Comté de Neuchatel, & la disposition du même Comté par Testament.

La

La cinquiéme preuve se trouve dans un acte du mois d'Avril 1531, qui contient le serment prêté par les Bourgeois de Neufchatel, à François d'Orleans, *tant en son nom, que de Jeanne d'Hochberg sa mere, & de Louis d'Orleans son frere.*

On voit plusieurs concessions faites, & plusieurs actes passés par ce même Prince au nom des trois, comme conjointement Seigneurs. Preuve infaillible de nostre proposition, puisque, comme il a esté dit, la possession de plusieurs par indivis ne prouve pas moins la divisibilité, que la division même.

La sixiéme preuve resulte du partage, qui fut fait ensuite, entre le même Louis d'Orleans & François son neveu, fils de son frere. Ce partage n'est pas rapporté, mais il est énoncé dans le Jugement solemnel des Audiences generales du six May 1552, dont on va parler.

La septiéme preuve, plus autentique encore, & plus illustre que les autres, est écrite dans ce Jugement celebre des Audiences generales du six May 1552. François d'Orleans Comte de Neufchatel, dont on vient de parler, estant mort sans enfans; sa succession échût *ab intestat* à Leonor d'Orleans Duc de Longueville, & à Jacques de Savoye, ses cousins germains.

Contestation entre ces deux Princes, pour le Comté de Neufchatel; Leonor d'Orleans le prétendoit en entier comme indivisible; Jacques de Savoye au contraire y prétendoit sa moitié, comme divisible, & comme estant avec Leonor d'Orleans en parité de degré. La question rouloit précisement sur la divisibilité ou indivisibilité de la Souveraineté. Les Gens

N

tenans les Audiences generales, qui furent Juges de la contestation, prirent soin de faire chercher, au Tresor de Neufchatel, les partages précedemment faits; Et enfin bien instruits de la constitution de cette Souveraineté, & de l'usage observé de tout temps, ils ajugerent, définitivement à Jacques de Savoye, la moitié de ce Comté, comme heritier *ab intestat*, conjointement avec Leonor d'Orleans.

Ce Jugement est si fort, & sa decision si expresse, qu'on ne peut mieux faire que d'en transcrire le dispositif de mot à mot.

Tiré de l'Original de mot à mot, ledit Original signé par P. Chambrier, P. Romain, C. Baillod & J. Merveilleux.

Aprés avoir oüi & bien au long entendu lesdites demandes, réponses, allegations & repliques desdites Parties; aprés avoir aussi vû tous les Titres & Attestations par elles produites & exhibées par icelles, a esté touché en droit, duquel nous avons demandé ausdits Seigneurs des Audiences, lesquels aprés avoir pris avis & conseil par ensemble, ont préalablement dit, que par les réponses faites de la part des Sieurs Procureurs & Ambassadeurs de mondit Seigneur le Duc de Nemours, est apparu à mesdits Seigneurs des Audiences, qu'ils avoient allegué, que partage avoit autrefois esté fait de cedit Comté, ensemble de la Souveraineté; a esté connu, que l'on devoit faire chercher au Tresor de ceans, lesdits partages & autres pieces de ce faisant mention, ce qui a esté fait; Tellement que cejourd'huy a esté trouvé le Testament de feu, de tres-noble recordation, Monseigneur le Comte Louis dernier de ce nom de Neufchatel, duquel a esté fait lecture en presence d'ambes parties; & icelles finalement oüyes, & avoir de rechef sur le tout couché en droit, declarant qu'ils n'avoient plus autre chose à produire ni debattre d'une part, ni d'autre, fors qu'ils persistoient toujours à leurs premieres fins & conclu-

[illegible] Sieurs Procureurs [illegible] Ambassadeurs [illegible] Seigneurie de Longueville [illegible] de [illegible] pour lors amplement [illegible] lesdits Sieurs Procureurs [illegible] Seigneur le Duc de Nemours [illegible] Sieurs des Audiences [illegible] en bien [illegible] de [illegible] Coustume de tout temps observée & gardée en ce Païs, [illegible] ladite Comté [illegible] Duc de Nemours [illegible] Comté [illegible] & [illegible] le Duc [illegible]

Trois reflexions importantes sur ce Jugement [illegible]

[illegible] une chose faite [illegible] mais c'est une chose jugée (& ce qui est sur tout à remarquer) jugée par les Audiences generales de Neufchatel.

[illegible] jugée sur le fondement *de la Coustume de tout temps observée & gardée en ce Païs*, & aprés avoir verifié qu'avant le decés de François d'Orleans (de la succession duquel il s'agissoit) *partage avoit esté fait de ce Comté entre luy & feu Monseigneur le Marquis* (Louis d'Orleans) *jadis son oncle.*

La troisiéme, les Audiences generales, en adjugeant à Jacques de Savoye cette moitié du Comté de Neufchatel, ajoute ces termes: *Attendu que feu Monseigneur de Longueville, de la succession duquel est question, est decedé ab intestat, & sans hoirs de son corps.* Ce qui prouve qu'au Jugement même des Audiences generales, s'il y avoit eu un Testament, elle auroit suivi sa disposition, & que l'on n'adjugeoit pas cette moitié, que parce que le Prince prédecesseur estoit mort *ab intestat*; En effet, il auroit esté non seulement inutile, mais absurde de donner pour raison dans une Sentence, que la succession de ce Comté estoit ouverte *ab intestat*, s'il eût esté vray qu'elle ne pût estre deferée par Testament ni autrement qu'*ab intestat*.

L'execution de ce Jugement ne merite pas moins de consideration que le Jugement.

On voit par un Acte de l'an 1554, que les quatre Ministraux de Neufchatel adressoient leurs Requestes à Jacques de Savoye, de même qu'à Leonor d'Orleans.

On voit par un autre de l'année 1556, que Jacques de Savoye renouvella les Traités d'alliance & de combourgoisie avec les Cantons de Berne & de Fribourg, *pour sa moitié du Comté*.

On voit dans le même temps, qu'il accorda plusieurs droits aux Bourgeois de Neufchatel, en qualité de *Souverain de la moitié de ce Comté*.

Il n'est pas moins important d'observer que par ce même Jugement, les Audiences generales avoient de-

[illegible] *pissa-les* [illegible] *chefs* [illegible] [illegible] convenir du choix de [illegible] les differends que la Societé de la Souveraineté pouvoit faire naistre entre ces deux Princes [illegible] l'accommodement : Mrs de Berne [illegible], & par leur mediation, Jacques [illegible] Leonor d'Orleans, qui [illegible] luy donna une somme [illegible] en Bourgogne, l'Acte est [illegible] parce que le Prince [illegible] le Comté divisé, [illegible] pour estimation de [illegible] la jouissance réelle & actuelle que [illegible] de sa moitié. On y voit [illegible] vendue à Leonor d'Orleans par [illegible] comme un bien dont il estoit [illegible] dont il disposoit en proprietaire, en vertu de [illegible]. Exemple par consequent d'autant [illegible] pour nostre question, qu'il [illegible] de la divisibilité & de l'alienabilité tout ensemble.

[illegible] de la divisibilité de Neufchatel, [illegible] passés sous la regence de Marie [illegible] veuve de Leonor d'Orleans, avec les Quatre Ministraux & Conseil de la Ville de Neufchatel, [illegible] lesquels il est dit, que c'est *au nom & sous l'authorité de Madame Marie de Bourbon, comme mere & tutrice de Messeigneurs ses fils, nos Souverains Seigneurs.*

» Enfin pour derniere preuve de nostre proposition, [illegible] la donation faite par Mr l'Abbé d'Or-

N. Ce mot de *Chef* doit s'entendre d'un Gouverneur ou Lieutenant General, ainsi que Mrs de Berne l'ont clairement expliqué dans l'Acte du renouvellement d'alliance, qu'ils firent avec Jacques de Savoye, pour sa moitié du Comté de Neufchatel le 15 Janvier 1556.

leans, à M. le Comte de S. Pol le 21 Mars 1668. Il ne luy donne pas les Souverainetés de Neufchatel & de Valangin, mais seulement *les droits qu'il luy appartenoient dans ces Souverainetés*; parce que M. le Comte de S. Pol y ayant sa part naturelle, M. l'Abbé d'Orleans ne luy donnoit & ne pouvoit luy donner que la sienne. Les termes sont tres-remarquables: *Fait don à M. le Comte de S. Pol son frere puisné & coheritier de tous ses droits, qui appartiennent & sont acquis à mondit Seigneur le Duc de Longueville en ladite qualité de principal heri[illegible] Souverainetés de Neufchatel, & de Valangin [illegible] circonstances & dépendances, sans aucune chose en [illegible] au moyen dequoy lesdites Souverainetés & Principautés de Neufchatel & de Valangin appartiendront pour le tout à mondit Seigneur le Comte de S. Pol.*

Dans la seconde donation, qui fut faite, par M. l'Abbé d'Orleans, à M. le Comte de S. Pol son frere, de ses autres biens, le 19e Fevrier 1672; il s'explique en ces termes: *Pour les mêmes motifs, pour lesquels il luy a cy-devant fait don & délaissement des parts & portions qui luy appartenoient dans les Comtés souverains de Neufchatel & Valangin en Suisse.*

Ces Souverainetés appartenoient donc pour partie à M. le Comte de S. Pol comme coheritier; & elles luy appartiennent pour le tout par la donation de son coheritier.

Cet exemple reviendra dans son lieu, comme une preuve authentique de la liberté de disposer, mais il sert en cet endroit pour une preuve, qui n'est pas moins authentique, de la divisibilité.

S'il faut encore ajoûter quelque chose à ces exem-

[illegible] qu'on a [illegible] dans divers tems, du Comté de Valengin, de la [illegible] de [illegible], de celle de Vaumarcus, de celle du [illegible], de la Seigneurie de Travers, de celle de Colombier, de la Chastelanie de Boudry, de l'Abbaye de Fontaine-André, de celle de l'Isle S. Jean, & du Prieuré de [illegible], qui composoient plus des trois quarts de la Principauté de Neufchatel, ne sont-ce pas autant de preuves de la divisibilité de ce Comté: & soit qu'il soit divisé par des partages, soit qu'il soit démembré par des aliénations, pouvoit-il l'estre, s'il n'estoit qu'usufructuaire, & s'il n'estoit pas patrimonial? C'est ce qui s'expliquera plus particulierement dans la suite.

Que l'administration du Comté pendant les minorités, ou autres cas, où la Regence a lieu, appartient aux Tuteurs élus par la famille ou dans la famille.

Dans les Royaumes non patrimoniaux, dit Grotius, la Regence en cas de minorité, maladie, ou autre cause qui mette le Prince hors d'Etat de gouverner, appartient à ceux à qui elle est deferée par une Loy publique, ou par l'élection du Peuple; mais dans les Royaumes patrimoniaux elle appartient au Tuteur, que le pere ou les parens auront choisi.

Dum Rex, ætate aut morbo, fungi poteſtate ſua impeditur; in Regnis quæ non ſũt patrimonialia, tutela eorum eſt quibus lex publica aut ea deficiente conſenſus populi eam mandat; in Regnis verò patrimonialibus, eorum eſt quos pater aut propinqui elegerint. *Grot. lib. 1. cap. 3. §. 15.*

La raison de cette difference est naturelle, c'est que dans les Royaumes non patrimoniaux, le Royaume n'appartient point ni à celuy qui le possede, ni à sa famille; s'ils sont électifs ils apartiennent à l'Etat; s'ils sont successifs & usufructuaires, ils passent de successeurs en successeurs, & n'appartiennent en propre à personne; ainsi ni le pere ni les parens, qui n'ont aucun droit, soit réel soit présomptif à la propriété, n'en peuvent avoir aucun à l'administration de la Regence.

Dans les Royaumes patrimoniaux au contraire, comme le possesseur est proprietaire, & cette propriété regarde hereditairement sa famille. Et c'est par consequent à sa famille, que la tutelle en appartient, comme celle de son patrimoine.

Cette seconde marque de patrimonialité est parfaitement verifiée à Neufchatel dans tous les temps.

En 1543, Marie de Lorraine, mere de François d'Orleans, & Claude de Guise, son ayeul maternel, ont eu l'administration du Comté comme Tuteurs de ce Prince.

En 1552, Jacqueline de Rohan, comme tutrice de Leonor d'Orleans son fils, a regi la moitié du Comté qui luy fut adjugée par le Jugement des Audiences generales du 6 May 1552, dont a esté cy-dessus parlé. Et depuis 1557, elle eut l'administration du total en consequence de la vente que Jacques de Savoye luy fit de sa moitié.

En 1573, Marie de Bourbon mere d'Henry d'Orleans, premier du nom, a eu la même administration en qualité de tutrice de son fils.

En 1595, Catherine de Gonzagues, mere d'Henry II. & ayeule de Mᵉ de Nemours, a pareillement administré le Comté de Neufchatel comme tutrice de son fils.

En 1663, Mᵉ de Longueville a eu la tutelle, tant de feu M. l'Abbé d'Orleans, que de M. le Comte de S. Pol, & en cette qualité l'administration du Comté.

Enfin

[illegible]

d'exemples plus [illegible]

de Neufchatel se regit [illegible]

comme un bien [illegible]

Que le Comté de Neufchatel [illegible]

vendu & hypotequé.

On joint ensemble la vente & l'hypoteque [illegible] que ces deux genres de Contrats [illegible] ment la proprieté. *Ce qui ne peut estre vendu, ne peut non plus estre hypotequé.* Et par la mesme raison, [illegible] *qui est capable d'hypoteque est aussi capable de* [illegible]

Pour commencer par les hypoteques [illegible]

Eam rem, quam quis emere non potest, quia commercium ejus nõ est, iure pignoris accipere non potest. *L.* 1. §. 2. *ff. quæ, res pign. obl. pot.*

[illegible] ledit temps de
[illegible] estre préfe-
[illegible] estre préferez à
[illegible] que non seule-
[illegible] Comtes de Neufchatel, mais
[illegible] Roy de France & du Canton de Soleu-
[illegible] non seulement comme
[illegible], mais encore comme tres-capa-
ble [illegible] d'alienation.

Quod emptionem venditionẽ recipit, etiam pignoratitiam recipere potest, *L. 9. §. 1. de pig. & hypot.*

[illegible]
de Beth[illegible]
çon de Leonor [illegible]
prisonnier [illegible]
pour [illegible]

[illegible]
de Vaumarcus [illegible]
[illegible] avec les dependances [illegible]
Gorgier [illegible]
([illegible]
[illegible]
Neufchatel [illegible]
[illegible]
gneuries de Colombier, [illegible]
appartenances [illegible]
sommes [illegible]

Cet Acte [illegible]
Steiguer Advoyer de Berne, [illegible]
ried, & Manuel [illegible]
Canton, qui autorisèrent [illegible]
cette vente, & qui n'auroient [illegible]
de Neufchatel [illegible]
persuadez qu'il pouvoit [illegible]
teque d'un bien inalienable [illegible]

Marie de Bourbon acquerant pour ses [illegible]
de Frederic de Virtemberg, Prince de Montbeliard, le Comté de Valangin, qu'il avoit acquis du Comte de Tourniel, tant pour s'acquitter envers cette Princesse des sommes qui luy estoient dûës, que pour payement de la somme de soixante dix mille écus d'or, payable au Vendeur. *Elle luy donna pour hypo-*

[illegible]

[illegible]

[illegible] de

[illegible] con de Leonor d'Orleans [illegible]

[illegible]

[illegible]

[illegible]

[illegible]

[illegible]

[illegible]

[illegible] N[illegible]

[illegible]

[illegible]

[illegible]

[illegible]

[illegible] furent [illegible]

[illegible]

[illegible] luy pourquoy, par

[illegible] souffrance du Gouverneur &

[illegible] Neufchastel [illegible]

[illegible] Leonor

[illegible] ils luy

[illegible] qu'ils avoient fait ce

[illegible] de tenir remise que

[illegible] avoir droit de retrait sur ce

[illegible] sans doute, si

[illegible] puisque le droit de re-

trait, supposé [illegible] procés

[illegible] jamais eu de droit

[illegible] engagement [illegible] a esté faite à leur profit.

En 1589. Joseph de Tourniel & son fils [illegible] Valangin, vendirent le Comté [illegible] berg, Comte de Montbeliard, moyennant [illegible] écus d'or, & à la charge de [illegible] de Bourbon Comtesse de Neufchatel [illegible] 68154 écus d'or, pour laquelle le Comté [illegible] luy estoit specialement hypotequé. [illegible]

En 1592. le mesme Frederic de W[illegible] dit à la mesme Marie de Bourbon [illegible] ses enfans, le Comté de Valangin [illegible] Boudevillier, pour la somme de [illegible] d'or, outre les sommes dües à cette Princesse [illegible] lesquelles ce Comté luy estoit hypotequé [illegible]

La Baronnie de Gorgier fut venduë en [illegible] Jacques de Stavay à Jean de Neufchatel [illegible] de onze cens florins d'or.

La Seigneurie de Colombier avec [illegible] de Bevaix, Cortaillod & Corcelles [illegible] en 1564. par Guerard de Vatteville & ses freres [illegible] la somme de soixante mille écus d'or.

Les domaines de l'Abbaye de Fontaine André & du Prieuré du Vautravers, furent vendus en 1558, par Jacqueline de Rohan, comme tutrice de Leonor d'Orleans son fils, aux quatre Ministraux & Communauté de Neufchatel, moyennant le prix de [illegible] écus d'or, avec faculté perpetuelle de remeré; cette vente fut ratifiée par Leonor d'Orleans, au mois de Decembre de la mesme année 1558.

L'Abbaye de l'Isle S. Jean dependante du Comté

Res talis præsumitur, qualis est major pars illius loci. *Goed. cons.* 50. *n.* 52.

d'Orleans ; ne prouve-t'il pas [illegible] linabilité du total ? Nous jugeons [illegible] Droit, des quotitez comme du tout, [illegible] ou legataire d'une moitié, d'un tiers ou d'[illegible] & toute autre portion indivise [illegible] consideré comme un donataire [illegible] versel.

Jacques de Savoye Seigneur [illegible] tié de Neufchatel, pouvoit vendre [illegible] étranger, comme il a pû la vendre [illegible] leans son cousin ; car ce qui peut [illegible] l'estre indifferemment à tous, [illegible] est inalienable l'est pour tous.

Et ce qui est encore plus precis, [illegible] pouvoit vendre sa moitié, comme [illegible] la sienne, l'alienation des deux moitiez [illegible] manifestement l'alienation du tout.

Ainsi cette vente de Jacques de Savoye [illegible] mise au nombre des ventes particulieres [illegible] & des parties, se place une seconde fois [illegible] propos mesme, entre les ventes du tout.

Mais ce n'est pas la seule preuve de l'alienation totale, en voicy deux autres considerables.

La premiere de l'an 1288, dont le fait est memorable.

Rodolphe de Neufchatel, recherchant la protection de l'Empereur Rodolphe d'Hasburg, luy remit entre les mains son Comté de Neufchatel, avec pouvoir d'en investir Jean de Châlon Seigneur d'Arlay, ce qui fut executé.

Dans la suite, Rodolphe de Neufchatel reprit son Comté de Jean de Châlon, & luy en fit la foy & hommage [illegible] la Souveraineté de Neufchatel [illegible] à la [illegible] de Neufchatel, [illegible] chargée de l'hommage [illegible] Châlon. [illegible] en cet état, jusques dans le [illegible] la Maison de Châlon ayant fini [illegible] de Philibert de Châlon mort sans en-[illegible]. Les biens de cette [illegible] aux descendans d'Alix de Châlon, [illegible] Maison d'Hochberg, qui possedoit le [illegible] Neufchatel. Par ce moyen, cette mouvance [illegible] s'éteignit, & depuis ce temps [illegible] Comté de Neufchatel, revenu à son premier [illegible] hommage à personne.

[illegible] Principauté de Neufchatel n'avoit pas esté [illegible] il n'auroit pas esté au pouvoir de Ro-[illegible] de Neufchatel de la remettre, ni dans les mains [illegible] Empereur Rodolphe, ni dans celles de Jean de Châlon, & moins encore en la reprenant des mains [illegible] de Châlon, d'en changer la nature, & d'en [illegible] la dignité, en la soumettant à l'hommage de la Maison de Châlon. Car comme dit Grotius : *Sous le terme d'alienation, l'infeodation est veritablement comprise, [illegible] la commise, soit dans le cas de felonie, soit dans les [illegible], qui emportent l'extinction ou la reversion du Fief, [illegible] veritable alienation :* C'est pourquoy, (dit ce grand homme) *on a vû dans plusieurs Etats ces sortes d'infeodations reputées nulles, de même que les alienations, comme n'ayant pas esté faites par le consentement des Peuples.*

La seconde preuve resulte du Traité de l'an 1548, conclu entre Claude Collier, au nom de Jeanne d'Hochberg Comtesse de Neufchatel, avec Mr de

P

Na. Alix de Châlon fut mariée à Guillaume de Vienne ; & de ce mariage est issu Marguerite de Vienne femme de Rodolphe d'Hochberg Comte de Neufchatel.

Sub alienatione, meritò comprehenditur & infeudatio sub onere commissi ex felonia, aut deficiente familia, nam & hæc est conditionalis alienatio; quare vidimus à pluribus populis, irritas habitas ut alienationes Regnorum quæ populis inconsultis Reges fecerant. *Grot. Lib. 2. c. 5. §. 9.*

Fribourg, pour la vente du Comté de Neufchatel.

Il est vray que cette vente n'eut pas d'execution; il est pareillement vray qu'une autre vente faite par ce même Collier, pour la même Jeanne d'Hochberg, à René de Châlans de la Souvraineté du Comté de Valangin n'eut aucun effet; Mais la nullité de ces ventes ne venoit point de la part du sujet, ni de l'inalienabilité prétenduë. L'unique cause estoit, que dés l'année 1519, Jeanne d'Hochberg avoit fait donation à ses fils, des Comtés de Neufchatel & de Valangin, dont elle s'estoit seulement reservé l'usufruit; & qu'au préjudice de cette donation, faite à ses propres fils, il n'estoit plus à son pouvoir d'en disposer, par vente ni autrement, au profit d'autres personnes.

Ce fait n'est pas seulement certain par la donation de 1519, qui servira dans la suite, comme un titre & une preuve de la libre disposition, mais encore par la Sentence des Cantons, qui fut renduë sur ce sujet le 28 Octobre 1584, dont la prononciation explique les motifs; Voici les termes : *Prononçons, que ladite Jeanne d'Hochberg, ayant fait donation à ses fils les jeunes Princes, dudit Comté & de ses autres Seigneuries en 1519, de sorte qu'elle s'est désaisie de toutes leurs droitures jusqu'à l'usufruit & joüissance d'iceux seulement; Ce qu'elle a non seulement approuvé en duë forme, mais aussi a esté ratifié par le Roy : En quoy donc Claude Collier, qui sans doute estoit bien & dûëment informé de tout ceci, n'avoit aucun pouvoir ni autorité de vendre par aprés à personne, au nom de Madame Jeanne d'Hochberg la Souvraineté de Valangin.*

Cette prononciation fait bien connoistre, que ce Comté par sa nature pouvoit estre alienê, & que sans la donation entre vifs qui precedoit, & qui avoit transferé la proprieté aux enfans, rien n'auroit pû faire obstacle à la vente, ni en empêcher l'effet.

Ce fut aussi par cette raison que Mrs de Berne délibererent en leur Conseil en 1543. s'ils achepteroient le Comté de Neufchastel que Jeanne d'Hochberg offroit de leur vendre, declarerent, *qu'elle n'estoit plus en droit de l'aliener sans l'exprès consentement de ses fils & l'agrément du Roy.*

Quand on n'auroit que ces alienations, ces engagemens & ces hypoteques pour toute preuve, quand on [illegible] ni Testamens, ni donations, la consequence ne seroit elle pas juste? *Neufchastel peut estre vendu, engagé, hypotequé; il peut donc estre donné & legué.*

Mais M. le Prince de Conti a l'avantage de prouver [illegible] par toutes sortes de titres, & par toutes sortes de dispositions. Si nous voyons des ventes, des engagemens, tantost des parties, tantost du tout, nous en voyons beaucoup plus de donations, d'institutions & de legs; & l'on va voir, par nombre d'exemples, que presque tous les Souverains de Neufchatel de l'un & de l'autre sexe, ont disposé de cette Souveraineté, les uns entre vifs, les autres par Testament, sans que les donataires & les legataires ayent souffert aucune contradiction dans leur droit, & sans qu'avant l'année 1694, on ait seulement eu la pensé d'en faire un doute.

Que le Comté de Neufchatel a esté tres-souvent donné, soit entre-vifs, soit par Testament.

En 1337, Rodolphe II. Comte de Neufchastel fit son Testament, par lequel il institua Louis de Neufchatel son fils, pour son seul & unique heritier, qui joüit du Comté de Neufchatel en vertu de cette institution.

En 1354, le même Louis de Neufchatel dernier Comte de cette Maison, qui avoit fait son Testament en faveur de ses fils, en fit un autre aprés leur mort, au profit d'Isabelle & de Varenne de Neufchatel ses filles, qu'il institua conjointement heritieres; & qui en consequence de ce Testament, partagerent entr'elles la succession de leur pere. Par ce partage la plus grande partie du Comté de Neufchatel échût à Isabelle, Varenne eut pour son lot le surplus avec d'autres Terres, ainsi qu'il a esté cy-dessus expliqué.

En 1394, Isabelle de Neufchatel, n'ayant point d'enfans, institua Conrard de Fribourg son heritier, & ce fut par cette institution que le Comté de Neufchatel entra dans la Maison de Fribourg.

En 1416, Conrard de Fribourg mariant son fils unique nommé Jean, luy donna par son Contrat de mariage avec Marie de Châlon, le Comté de Neufchatel, ses appartenances & dépendances, *pour en joüir par luy comme de son propre heritage, pour luy & ses hiritiers & qui de luy auront cause perpetuellement.*

En 1450, Jean de Fribourg mourut sans enfans, il institua par son Testament, Rodolphe d'Hochberg son cousin ; & par ce moyen le Comté de Neufchatel passa dans la Maison d'Hochberg.

En 1465, Rodolphe d'Hochberg legua par son Testament, le Comté de Neufchatel, à Philippe d'Hochberg son fils.

En 1519, Jeanne d'Hochberg (à qui le Comté estoit venuë par la succession de Philippe son pere) en fit donation entre-vifs à Louis & François d'Orleans ses fils, ainsi que de ses autres biens, avec reserve d'usufruit sa vie durant.

Cette donation fut autorisée par le Roy François I, & l'on a veu cy-dessus comment elle fut reconnuë [illegible] & si legitime, qu'elle servit de fondement au jugement des Cantons du 28 Novembre 1584, par lequel ils declarerent la vente faite par Jeanne d'Hochberg, ou par Claude Collier en son nom de la Souveraineté du Comté de Valangin, nulle, comme n'ayant pû estre faite au préjudice de cette donation [illegible].

On a expliqué cy-dessus comment, aprés le decés de François d'Orleans fils de Louis, le Comté fut ajugé par le Jugement des Audiences Generales de 1552, à Leonor d'Orleans & à Jacques de Savoye ses cousins & ses heritiers par moitié ; comment Jacques de Savoye, par l'entreprise de Mrs de Berne ceda sa moitié à Leonor d'Orleans, & comment par ce moyen, le Comté demeurera en entier à la Maison d'Orleans.

Enfin en 1668, M. l'Abbé d'Orleans estant à Neufchatel, fit donation entre-vif à M. le Comte de S. Pol son frere, de tous ses droits dans les Comtés de Neufchatel & de Valangin, avec charge de reversion en cas de prédecés du donataire.

La donation fut faite à Neufchatel, reçüe par deux Notaires de Neufchatel, en presence de tous ceux qui composoient le Conseil d'Etat, & qui en signerent l'acte, non pas comme personnes necessaires pour l'authoriser, mais en qualité de simples témoins, pour en attester la foy d'une maniere plus autentique.

Cette donation est si remarquable dans toute sa disposition & dans toutes ses circonstances, qu'elle suffiroit seule pour toute preuve, contre le faux systeme d'inalienabilité, inventé par l'Assemblée de 1694; voicy les termes de cet acte solemnel.

Pour ces causes & autres considerations à ce le mouvant, de sa libre & franche volonté, a fait & fait des présentes, par donation entre-vifs, pure, simple & irrevocable en la meilleure forme que donation de cette qualité se peut faire & estre faite, à mondit Seigneur Comte de S. Pol son frere, à ce present & acceptant, pour luy, ses hoirs, successeurs & ayant cause estant aussi present audit Château de Neufchatel, de tous & tels droits de Souveraineté de proprieté & autres qui appartiennent & qui sont acquis à mondit Seigneur donateur en la susdite qualité de principal heritier esdites Souverainetés de Neufchatel & Valangin leurs appartenances, dépendances & annexes, sans aucunes choses en excepter, retenir ni reserver en quelque sorte & maniere que ce soit; au moyen dequoy lesdites Souverainetés & Principautés de Neufchatel & Valangin, appartiendront pour le tout à mondit Seigneur le Comte de S. Pol, qui entrera dés-à-present en possession & joüissance actuelle des choses à eux appartenantes en pleine proprieté; sous cette condition toutefois acceptée par Monseigneur le Comte de S. Pol, qu'arrivant son decés sans enfans, ou celuy de ses en-

sans [illegible] enfans, mondit Seigneur donateur estant encore [illegible] en ce cas & non autrement lesdites choses retour[illegible] de plein droit à mondit Seigneur donateur.

1. Il n'y a pas un seul mot dans cet Acte qui ne soit [illegible].

[illegible] M. l'Abbé d'Orleans donne à M. le Comte de S. Pol son frere, *par donation entre-vifs pure, simple [illegible] pour luy, ses hoirs & ayant cause*; rien n'e[illegible] plus la pleine translation de proprieté, & [illegible] perpetuelle d'aliener. Par là M. le Comte de S. Pol n'acquiert pas seulement pour luy même ni [illegible] legitimes, mais *pour ses ayant cause*; c'est-à-dire pour ses creanciers, ses donataires, ses [illegible] ou autres successeurs, en un mot pour qui[illegible] droit de luy, à quelque titre que ce soit.

2. M. l'Abbé d'Orleans donne, non pas les Com[illegible] Neufchatel & de Valangin; mais seulement *les droits qui luy estoient acquis, comme heritier principal, [illegible] que dans l'autre*, parce que ces Comtés, [illegible] qu'on l'a fait voir, estant divisibles, comme tout autre patrimoine *entre les deux freres*, M. l'Abbé d'Orleans ne pouvoit ceder à M. le Comte de S. Pol, que les droits qu'il y avoit.

3. M. l'Abbé d'Orleans *donne tous droits de Souveraineté, proprieté, & autres qui luy appartiennent*. Ces deux termes *de souveraineté & proprieté* joints ensemble, dénotent parfaitement que la Souveraineté estoit tenue en proprieté, & que c'estoit en un mot une Souveraineté patrimoniale.

En effet la clause ajoûte, *pour entrer dés à present en possession & jouïssance actuelle desdites choses* A EUX AP-

PARTENANTES EN PLEINE PROPRIETÉ.

4. Le donateur reserve la clause de reversion en sa faveur, en cas de prédecés du donataire sans enfans; Clause qui marque clairement la liberté d'aliener, acquise de droit au donataire, & qui auroit esté une précaution tres-inutile, si la Souveraineté par sa nature avoit esté inalienable.

Ce qui a suivi cet Acte n'est pas moins considerable que l'Acte même.

Deux jours aprés, M. l'Abbé d'Orleans, ayant fait convoquer les Etats, il leur declara le sujet de l'Assemblée, & *leur commanda de reconnoistre M. le Comte de S. Pol son donataire, pour leur Souverain & de luy obéir à l'avenir.*

La lecture de la donation ayant esté faite aux trois Etats, en presence du Peuple, le Sr de Molondin répondit à M. l'Abbé d'Orleans au nom des trois Etats, *qu'ils executeraient ses volontez avec respect & soûmission; il protesta à M. le Comte de S. Pol, qu'ils auroient pour luy l'obéissance & la fidelité qu'ils devoient à leur Souverain;* aprés quoy M. l'Abbé d'Orleans remettant le Sceptre entre les mains de M. le Comte de S. Pol, dit à l'Assemblée, *qu'il ne se reservoit d'autorité sur eux que, pour leur commander d'obéir à M. le Comte de S. Pol, & de luy estre fideles.*

Une reflexion importante! On assemble les Etats, non pas pour déliberer, si l'on avoit droit de faire cette donation, car elle estoit faite deux jours auparavant; non pas pour les consulter, si la Souveraineté estoit alienable, & si le Souverain pouvoit transferer son droit à son cadet, car on n'en avoit jamais douté; non pas même pour demander l'approbation des Etats

ni

ni le consentement du Peuple, car ni les Etats ni le Peuple ne prétendoient y avoir droit; mais pour rendre la donation plus éclatante & plus solemnelle. Les Etats ne prononcent aucun jugement, ils assistent simplement à la lecture publique de la donation; Ils ne donnent pas même l'investiture à M. le Comte de S. Pol, c'est M. l'Abbé d'Orleans luy-même, qui remet le Sceptre entre les mains de son frere: Tout se fait par la seule volonté de ce Prince; il ordonne, il commande, les Etats reçoivent le commandement avec soumission, ils promettent de l'executer, ils reconnoissent pour Souverain le successeur que ce Prince leur donne, ils protestent de luy obeïr & de luy estre fideles.

Enfin si aprés tant d'exemples, & sur tout aprés celuy dont on vient d'expliquer les circonstances, on peut encore en desirer quelqu'autre, peut-on mieux couronner l'œuvre, & citer un meilleur exemple, que celuy de Me de Nemours même? La donation qu'elle a faite au Chevalier de Soissons le dix-huit Février 1694, renouvellée par son Contrat de Mariage du six Octobre de la même année, ne peut valoir sans doute par le défaut de droit en la personne de cette Duchesse, car si l'heritier testamentaire exclut l'heritiere *ab intestat*; Elle n'a pû donner, au Chevalier de Soissons, un bien qu'elle même n'avoit pas, & que le Testament luy ostoit.

Mais cette donation toute nulle qu'elle est, ne sert pas moins à prouver, contre celle qui l'a faite, que la Principauté de Neufchatel peut estre alienée, donnée & leguée: c'est une preuve, qu'elle n'a pû ni desavoüer ni contredire; on a même remarqué dans le fait, comment cette Princesse, bien instruite de la nature & de la condition de cette Souveraineté, en obtenant l'investiture par le Jugement du 18 Mars 1694, s'éleva contre la prononciation, qui declaroit le Comté de Neufchatel inalienable par Testament, ni autrement, & comment elle-même, desavoüant & condamnant comme une erreur cette inalienabilité chimerique (qui avoit pourtant servi de fondement à son investiture) fit tout de nouveau la donation de ce Comté au Chevalier de Soissons par son Contrat de mariage; en consequence duquel, il prit le nom & les armes de Prince de Neufchatel, que M^e sa veuve & Mlle sa fille portent encore aujourd'huy.

On ne peut pas dire, pour diminuer la force de ces preuves, que ces donations raportées en nombre, estoient faites en faveur des plus proches, qui sans ces dispositions mêmes auroient succedé *ab intestat*.

Il paroist difficile d'accorder cette objection avec la donation de M. de Nemours au Chevalier de Soissons, qui n'estoit certainement, ni l'heritier présomptif de Me de Nemours, ni le successeur legitime de la Principauté de Neufchatel. Mais l'objection n'est ni plus veritable, ni plus considerable, par raport à ces autres dispositions qu'on vient de citer.

Premierement, dans le nombre de ces donations, il y en a qui sont faites à un parent plus éloigné, au préjudice du plus proche.

Quand Isabelle de Neufchatel, institua Contard de Friboug son neveu; ce fut à l'exclusion de Varenne de Neufchatel sa sœur & son heritiere presomptive.

Quand Jean de Fribourg, fit son Testament en faveur de Rodolphe d'Hochberg son cousin; ce fut au préjudice de Guillaume d'Hochberg, qui avoit eu aussi le même droit que son frere, puisqu'ils estoient en parité de degré, de même que par la Sentence des Audiences de 1552, Jacques de Savoye en eut la moitié avec Leonor d'Orleans.

Quand François d'Orleans, second du nom, succeda au Comté de Neufchatel, ce fut en vertu de la donation de Jeanne d'Hochberg son ayeule, & préferablement à François d'Orleans son Oncle, quoyque plus proche & propre fils de la donatrice, & bien que François d'Orleans fut fils de Louis, qui estoit l'aîné des fils de Jeanne d'Hochberg, les Actes font foy, que ce ne fut pas par ce titre de representation, mais par celuy de donataire qu'il succeda.

Vide. La prononciation des neuf Cantons du 28 Novembre 1584, & la Lettre d'anoblissement de Claude Baillod, du 2 Aoust 1545, dans lesquelles François d'Orleans II. est nommé *Comte & Souverain de Neufchatel; non pas comme heritier de Jeanne d'Hochberg, mais comme donataire des immeubles.*

En second lieu, il ne faut pas considerer, si ces differens Successeurs auroient pû posseder le Comté de Neufchatel à un autre titre, mais à quel titre ils l'ont possedé. En effet, quoiqu'aucuns d'eux pussent en estre les heritiers presomptifs (outre que plusieurs de ces donataires n'auroient pas esté les seuls heritiers) la donation, ayant un effet present, irrevocable & certain, estoit un titre plus avantageux pour eux, que l'esperance douteuse & incertaine de la succession future.

La donation de Jeanne d'Hochberg à ses fils en 1517, en est un exemple, elle auroit dépoüillé ses enfans du Comté de Valangin, par la vente qu'elle en fit en 1542, & de celuy de Neufchatel, par la vente qu'elle projettoit d'en faire à Mrs de Berne & de Fribourg, si elle n'avoit pas eu les mains liées par la donation anterieure de 1519.

Les autres Seigneurs donataires ou legataires, du Comté, quoiqu'ils pussent réunir en leurs personnes le double droit de donataire & d'heritier, ont toûjours preferé le premier, comme plus assûré. Dans tous les Actes qu'ils ont faits, ils n'ont pas agi comme heritiers, mais comme donataires, legataires ou instituez; cela se remarque entr'autres dans le renouvellement d'alliance que Rodolphe d'Hochberg fit avec Mrs de Berne en 1458, où il se nomme *donataire du Comté de Neufchatel, en vertu de la donation à cause de mort, que Jean de Fribourg luy en a faite par singuliere amitié.* Et enfin tant de Princes & de Princesses de Neufchatel, se seroient-ils avisez de disposer de ce Comté, les uns par des donations entre-vifs, les autres par des Testamens, soit au profit de leurs heritiers presomptifs, soit au profit de ceux qui ne l'estoient point, si la disposition n'en avoit pas esté notoirement libre? Ceux qui auroient eu quelque interest comme heritiers presomptifs en tout ou en partie, ne se seroient-ils pas élevez contre ces donations, & contre ces Testamens? Les peuples mêmes ne s'y seroient-ils pas opposés par des remontrances ou autrement; si la constitution de l'Etat & les Loix de la Nation y avoit resisté? Les Cantons alliés & les Princes voisins ne se seroient-ils pas interessés pour les appuyer? Mais loin de s'opposer à cette liberté; tous l'ont reconnuë comme un droit naturel, hereditaire & patrimonial, c'est ce qui reste en peu de paroles à expliquer.

Que la faculté d'aliener & de disposer de Neufchatel, a esté reconnüe de tous temps dans le public, par les Princes voisins, par les Cantons alliés & par les Peuples mesme de Neufchatel.

Le Roy François I. écrivant en 1528, aux Cantons, pour les engager de rendre, à Jeanne d'Hochberg, le Comté de Neufchatel, dont ils s'estoient emparés en 1512, leur parle en ces termes; *Tres-chers & grands amis, Alliés, Confederés & bons Comperes; Vous sçavés les grandes & longues poursuites & insurpotables frais que nostre tres-chere & tres-sage cousine la Duchesse de Longueville, a fait pour le recouvrement de son Païs & Comté de Neufchatel, qui est son vray & ancien heritage & patrimoine.* Reconnoissance des Princes voisins.

Jeanne d'Hochberg, ayant disposé de ce Comté, comme de son patrimoine, en faveur de ses fils, par la donation de 1519, cy-dessus rapportée; cette donation fut confirmée par le mesme Roy François I. en 1520.

Le Roy Henry II. reconnut bien l'alienabilité du Comté de Neufchatel, puisqu'ayant emprunté de M. de Soleure, une somme d'argent en 1551; Il leur donna pour caution Leonor d'Orleans & Jacques de Savoye, qui pour sureté de cette somme, donnerent le Comté de Neufchatel pour hypoteque speciale.

Frederic de Virtemberg Prince de Montbeliard,

ne doutoit point de l'alienabilité du Comté de Neufchatel, lorsque vendant, à Marie de Bourbon en 1592, le Comté de Valangin, qu'il avoit acheté du Comte de Tourniel, il accepta pour hipoteque du prix de la vente le Comté de Neufchatel, pour estre saisi par Justice à défaut de payement.

Peut-on desirer une reconnoissance plus autentique, que celle du Roy Louis XIII. dans le Traité qui fut fait à Turin entre Sa Majesté & Victor-Amedée Duc de Savoye, le 5 Juillet 1632. Par ce Traité le Duc de Savoye, cedant au feu Roy, la Ville de Pignerol & autres Terres, jusqu'à la Riviere de Clason; moyennant l'estimation qui en devoit estre faite; Il fut stipulé, que le prix seroit employé, à l'acquisition que le Duc de Savoye avoit dessein de faire, du Comté de Neufchatel & de Valangin. On ne peut rien faire de mieux que d'en rapporter les mêmes termes: *Et parce que M. le Duc de Savoye prétend, par l'interposition de Sa Majesté, employer l'argent en l'acquisition de Neufchatel & Valangin; le Roy fera toute sorte d'office, & procurera avec le Duc de Longueville autant qu'il luy sera possible, que cette vente de laquelle a esté cy-devant parlé, soit effectuée, de sorte toutefois, que soit que le Traité d'entre lesdits Sieurs Duc de Savoye & de Longueville, pour raison de ladite vente de Neufchatel & Valangin ait lieu ou ne l'ait pas la presente cession ou délaissement de Pignerol & autres lieux cy-dessus mentionnés, ne laissera pas de sortir son plein & entier effet. Et en cas que l'achat dudit Neufchatel & Valangin n'ait lieu, ledit Sieur Duc de Savoye, voulant employer cet argent en achat d'autres Terres Souveraines, où l'entremise de Sa Majesté puisse estre utile, promet d'y*

Nª. On reconnoist donc que de droit commun, les Souverainetés peuvent estre alienées.

contribuer tout ce qui en dépendra.

Suivant ce projet, les Comtés de Neufchatel & de Valangin auroient esté acquis par le Duc de Savoye, si le Duc de Longueville avoit voulu les vendre; mais il ne trouva pas à propos de s'en défaire, & son seul refus en empescha l'alienation.

Enfin le Roy a reconnu, comme les Roys ses prédecesseurs, la Souveraineté de Neufchatel patrimoniale, dans le Jugement que Sa Majesté prononça au mois d'Avril 1674, sur les differends de Mesdames les Duchesses de Longueville & de Nemours, qui porte en termes formels; *Que la proprieté de la Souveraineté & Comté de Neufchatel & Valangin, ses annexes & dépendances appartient à nostre cousin Jean-Louis-Charles d'Orleans Duc de Longueville, & l'administration à nostre Cousine la Duchesse de Longueville, en qualité de sa Curatrice.* Ce Jugement du Roy, fut publié au Prône de toutes les Eglises des Comtés de Neufchatel & Valangin le 26 du mesme mois d'Avril, *afin que chacun eût à s'y conformer à peine d'estre chastié exemplairement.*

On a donc eu raison de dire, que la patrimonialité de Neufchatel a esté reconnuë, dans tous les temps, par les Princes voisins comme un droit constant & non contesté, puisque les Roys de France, les Duc de Savoye & Prince de Montbeliard, qui sont les Princes les plus voisins de Neufchatel, l'ont reconnu tres alienable.

Reconnoissance des Cantons Suisses.

Les Cantons Suisses, qui avoient conquis ce Comté par les armes, l'ont reconnu de mesme, lorsqu'ils l'ont remis à Jeanne d'Hochberg, par l'Acte du 30 Juin 1529, dont voici les termes; *Avons remis ladite*

Ville & Comté de Neufchatel en l'état qu'il est maintenant à ladite Dame Jeanne d'Hochberg, ses enfans legitimes, hoirs & successeurs pour les posseder, dominer, en joüir & user elle & ses enfans & hoirs, pour en ordonner & disposer à son plaisir avec pleine puissance, & tous droits fruits, appartenances & dépendances de la même maniere qu'ils l'avoient tenu & dominé jusqu'alors. Ces termes n'ont besoin ny de commentaire, ni de reflexion, pour confirmer la patrimonialité, de la maniere la plus expresse.

Quand les Cantons de Berne & de Fribourg, ont esté en marché d'acheter le Comté de Neufchatel de Jeanne d'Hochberg, ou de Claude Collier son Procureur en 1543, & 1548; Ils en reconnoissoient bien l'alienabilité. Ils l'auroient effectivement acheté, si Jeanne d'Hochberg en avoit eu la proprieté; mais elle s'en estoit auparavant désaisie par la donation entre-vifs, qu'elle en avoit faite à ses fils en 1519, sans laquelle, rien n'auroit empesché la vente de ce Comté.

Quand le Canton de Soleure, presta au Roy Henry II. en 1551, cinquante mille écus, sous le cautionnement de Leonor d'Orleans & de Jacques de Savoye; (ainsi qu'il a esté dit cy-dessus) il n'exigea pas seulement pour sureté, l'hypoteque speciale du Comté de Neufchatel; mais il stipula de plus; *Que le Comté ne seroit point davantage chargé, engagé, ni vendu pendant huit ans, que toutefois si l'occasion se donnoit, que ledit Comte fut à vendre ou engager durant ledit temps de huit ans, que ladite vendition ou engagere devra estre presentée à ses chers Alliés de Soleure, qui devront estre preferés à tous autres.*

Quand Leonor d'Orleans acquit en 1564, des Sieurs de

de Vauteville, la Seigneurie de Colombier ; il hypotequa pour seureté du prix, son Comté de Neufchatel, ses appartenances & dépendances : l'Acte fut fait en presence & sous l'autorité des Advoyers & Banderets du Canton de Berne, qui en sont les Chefs.

Quand les neuf Cantons non alliez de Neufchatel declarerent en 1584. la vente faite par Jeanne d'Hochberg, de la Souveraineté de Valangin nulle, ils donnerent pour fondement de leur decision, la donation entre-vifs, qu'elle en avoit faite precedemment, aussi bien que du Comté de Neufchatel en 1519.

Peut-on rien desirer de plus autentique & de plus precis que ces reconnoissances des Cantons ?

On a esté surpris de voir que ceux qui ont écrit en 1694. contre le droit de M. le Prince de Conti, ayent voulu se prevaloir d'un Acte qui fut fait en 1406. par seize Bourgeois Conseillers de la Ville de Neufchatel, en faveur de Jean de Chalon, dans le temps auquel cette feudalité accidentelle, dont on a vû cy-dessus l'histoire, duroit encore. Reconnoissance des Peuples de Neufchatel.

Il est aisé de combattre nos adversaires avec leurs propres armes, & de retorquer cet Acte, quoyque nul contr'eux-mêmes, comme une premiere preuve de la reconnoissance des Neufchatelois, que le Comté de Neufchatel par sa nature est patrimonial & de libre disposition.

Par cet Acte, ces seize Particuliers declarent, *qu'au cas que Conrard de Fribourg*, pour lors Comte de Neufchatel, *decedât sans enfans nez en legitime mariage, ou ses enfans sans enfans, ils reconnoistront Jean de Chalon pour leur Seigneur : & que s'il arrivoit que ledit Conrard ou ses heritiers vinssent à donner, vendre ou transferer par Testament, institution d'heritier ou autrement, ledit Comté ou partie d'iceluy à d'autres qu'aux enfans qui luy doivent succeder, ils permettent par serment qu'ils ne tiendront pour leurs Seigneurs, & ne rendront obeïssance à ceux ausquels ladite Translation aura esté faite, mais rendront à Jean de Châlon & aux siens toute obeïssance, & le recevront luy & les siens pour Prince & Seigneur dudit Neufchatel.*

On pretend induire de cette declaration que Neufchatel est inalienable.

Si cet Acte pouvoit faire une ombre de preuve contre M. le Prince de Conti, il seroit aisé d'en faire voir la nullité par le defaut de pouvoir, & l'inutilité par l'inexecution.

De quel droit seize personnes du Conseil de la ville de Neufchatel auroient-ils pû se donner l'autorité de disposer de la proprieté du Comté, d'en transferer le domaine utile au Seigneur direct, d'imposer des Loix à leur Prince & de limiter son pouvoir, eux qui n'en pouvoient avoir qu'autant qu'il avoit plû à leur Prince même de leur en donner, & qui ne tenoient tout leur caractere que de sa grace? La direction du Conseil de Ville ne regarde de droit que les affaires publiques de la Bourgeoisie & de la Police; Elle ne s'étend que dans la Banlieuë de la Ville, & n'a aucune puissance sur tout le reste du Comté, encore moins sur les droits du Prince.

Cet acte estoit donc un attentat aux droits de leur Seigneur naturel, qui estoit alors éloigné de son Pays, & engagé dans les guerres des Croisades. Si même Neufchatel avoit esté un Etat électif, & qu'il eût esté au pouvoir de ces Peuples d'élire leur Prince, de le destituer, & de luy imposer des loix, il n'auroit pas appartenu à quelques Conseillers de la Ville d'exclure Conrard de Fribourg, & de choisir Jean de Châlon; il auroit fallu en ce cas convoquer les Etats du Pays, les Audiences generales, les Deputez de chaque Corps & Communauté.

Mais à plus forte raison cet Etat estant patrimonial de sa nature; comment pourroit-on soûtenir que la declaration de quelques Sujets eût esté capable de la changer, & d'oster à leur Prince le droit de l'aliener.

Cet Acte estoit d'autant plus nul, qu'il ne tendoit pas seulement à priver le Prince de la liberté qui luy estoit acquise de droit commun, de disposer de son Comté comme de son bien; mais encore d'en exclure les heritiers legitimes autres que ses enfans, & de le transferer à leur prejudice à ce Seigneur feodal, qui ne l'estoit pas même de droit, comme il a esté dit, mais par occasion & par precaire. Rodolphe de Neufchatel s'estoit mis sous l'hommage de Jean de Châlon par forme de protection, & le protecteur seroit demeuré luy-même, par la cabale de seize Particuliers, l'usurpateur de ce Comté.

Il ne faut donc pas s'étonner si un Acte si vicieux & si temeraire tomba de luy-même, & s'il demeura sans effet. A peine Conrard de Fribourg fut de retour en 1409, qu'il se plaignit au Canton de Berne de la conduite de ses Sujets, & cet Acte fut aneanti dessors.

Nous avons deux preuves autentiques de cette verité.

La premiere tirée du Traité de mariage de Jean de Fribourg fils de Conrard, avec Marie fille de Jean de

Châlon, du trois Juillet 1416.

Par ce Traité il est convenu entre Conrard de Fribourg & Jean de Châlon pere des futurs époux, que Jean de Fribourg auroit le Comté de Neufchatel & toutes ses appartenances & dépendances, *pour en joüir comme de son propré heritage, pour luy, ses hoirs & ayans cause perpetuellement.*

Jean de Châlon ne pouvoit reconnoître plus formellement la nullité de l'acte de 1406.

1. Loin de se prevaloir d'un tel Acte, qui privoit Conrard de Fribourg & ses descendans de la libre & absoluë proprieté pour la transferer au defaut d'enfans à Jean de Châlon, Jean de Châlon reconnoît luy-même que cette proprieté doit apartenir pleinement à Jean de Fribourg, comme de son propre heritage, pour luy, ses hoirs & ayans cause perpetuellement.

2°. La proprieté n'est pas *seulement pour Jean de Fribourg & ses heritiers*, mais *pour ses ayans cause*: Terme important, qui exprime la liberté de disposer par vente, par donations, & par tout autre genre de Contract ou de disposition du Comté de Neufchatel, comme de tous ses autres biens.

3°. Jean de Châlon ne se reserve pas même la Seigneurie directe, qui ne luy avoit esté accordée que par forme de protection.

La seconde preuve se tire du Testament de Jean de Fribourg. Persuadé du droit qu'il avoit (suivant la clause même de son Contract de mariage qui vient d'estre expliquée) de disposer du Comté de Neufchatel par Testament, il institua Rodolphe d'Hocbert son cousin qui luy succeda. Et quoy que les deux cas prévûs par l'Acte de 1406 fussent arrivez, c'est-à-dire, le defaut d'enfans & la disposition par Testament, les Conseillers & Bourgeois de Neufchatel, loin d'appeller Jean de Châlon, ou son successeur en vertu de cet Acte temeraire de 1406. reconnurent au contraire Rodolphe d'Hocberg, comme heritier institué par le Testament du Prince.

Cet Acte fait en faveur de Jean de Châlon, dans un temps auquel il s'estoit fait Seigneur dominant & Suzerain de Neufchatel, est donc d'autant moins considerable que cette Suzeraineté qui en estoit le fondement a cessé, & que le Comté de Neufchatel est revenu à son premier estat.

Mais cet Acte tout nul, tout vicieux, & tout abandonné qu'il est, loin de prouver l'inalienabilité, prouve-t-il tout le contraire. Par là ces Conseillers reconnurent formellement que le Comté pouvoit estre vendu, donné, legué par Testament & autrement; Ils ne firent cette declaretion (comme l'Acte même le marque) que dans la vûë d'empêcher que le Comte ne disposât du Comté en faveur d'un étranger, au prejudice de ses enfans. Inutilement les Neufchatelois auroient fait cet Acte de precaution, si Neufchatel avoit esté inalienable, & si le Prince n'avoit pas la liberté d'en disposer par donation, Testament ou autrement.

Aussi est-il certain, comme on va le faire voir, que dans tous les temps, & par toute sortes d'Actes, les Neufchatelois ont reconnu la patrimonialité de Neufchatel, & la faculté acquise de droit à leurs Princes d'en disposer, comme d'un bien patrimonial & de libre disposition.

Nous avons dans les monumens publics, trois sortes de preuves de cette reconnoissance.

La premiere tirée des Actes, soit de partage, soit d'hypoteque, soit de donation de cette Souveraineté, faits dans Neufchatel même, & par l'avis des Etats de Neufchatel.

Quand Rodolphe d'Hochberg mariant Philippe son fils en 1476. à Marie de Savoye, donne à la future épouse soixante douze mille florins d'or, en cas de survie sans enfans, & luy assigne par engagement sa Ville & Comté de Neufchatel, jusqu'à l'entier payement; Le Contrat en est fait, *par l'avis des Gens du Conseil d'Etat de Neufchatel.*

Quand il s'agit en 1552. de decider du partage de la Souveraineté de Neufchatel, entre Leonor d'Orleans & Jacques de Savoye, cela se fait *par le ministere des Audiences generales de Neufchatel.*

Quand M. l'Abbé d'Orleans fait donation en 1668. à M. le Comte de S. Pol son frere, de ses droits dans les Comtez & Souverainetez de Neufchatel & Valangin, on a vû comme l'acte en est fait *en presence des Gens du Conseil d'Etat, comme témoins, & la donation publiée & enregistrée en presence des trois Etats & du Peuple.*

S'il estoit vray que par les loix & constitutions de l'Etat, la Souveraineté de Neufchatel ne pût estre ni divisée, ni hypotequée, ni donnée, les Officiers de Neufchatel, les trois Etats, les Audiences generales, auroient-ils non seulement souffert, mais autorisé par leur presence, par leur avis, & par leur enregistrement, des dispositions qui auroient esté autant de contraventions à leurs constitutions & à leurs loix?

Et n'en faut-il pas conclure au contraire, qu'ils ont reconnu dans tous les temps la patrimonialité, & l'alienabilité de Neufchatel, comme conforme au droit commun, & à la constitution même de cet Etat.

La seconde preuve se tire des Chartes des Franchises de Neufchatel : On y remarque qu'en 1454 aprés une incendie arrivée à Neufchatel, les Bourgeois presenterent leur Requeste à Jean de Fribourg Comte de Neufchatel, le suppliant tres-humblement, *que comme dans cette incendie le Livre de leurs franchises & libertez à eux accordés par ses predecesseurs avoit esté brûlé, il luy plût de vouloir les luy renouveller au plus prés de ce que l'on pourroit s'en souvenir.* Jean de Fribourg accorda leur demande, & souscrivit à une liste de soixante articles qu'ils luy presenterent. Ils n'obmirent rien dans cette liste de tout ce qui estoit de leurs droits contre le Prince ; leur attention va jusqu'au point de n'y pas obmettre un article *de quatre sols.* Ils n'auroient pas oublié, sans doute, celuy de l'alienabilité de la Souveraineté, comme le plus considerable & le plus important de tous, s'ils eussent cru avoir le droit d'empêcher leur Prince d'aliener.

Coûtumier de Neufchatel, fol. m 3.

Art 4 des Franchises des Bourgeois de Neufchatel.

Ces franchises & libertez sont confirmées par Rodolphe d'Hochberg en 1458. par Philippe d'Hochberg en 1487. *conformement & selon le contenu des franchises à eux confirmées & innovées par Jean de Fribourg.*

Coutumier de Neufchatel, fol. m. 8. & suiv.

Elles sont de nouveau confirmées & augmentées par Jeanne d'Hochberg en 1537, les Lettres commencent en ces termes : *Sur l'humble Requeste des Quatre Ministraux, Conseil & Communauté de nostre Ville de*

Coutumier de Neufchatel, fol. m. 37.

Neufchatel, Nous suppliant tres-humblement, & nous faisant remontrer en toute humilité & reverence, qu'il Nous plaise avoir pitié d'eux, en leur impartissant don & élargissement sur les restrictions de leurs Franchises & Chartes, afin qu'en toute humilité, fidelité & sureté, ils puissent surement demeurer dans nostredite Ville, &c.

Ainsi les franchises dont joüissent les Peuples de Neufchatel, ne leur ont esté accordées qu'à leur tres-humble supplication, & ils ne les tiennent que de la pure grace des Princes. Et bien loin que dans toutes ces concessions & confirmations de franchises, il y ait rien qui lie les Princes, à ne pouvoir pas disposer de la Souveraineté, il paroist au contraire que c'est le Prince qui permet aux Bourgeois & aux Peuples de Neufchatel de disposer de leurs propres biens, sans quoy ils n'auroient point aujourd'huy la liberté de les aliener, ni de tester de leurs heritages, comme on le remarque dans l'article 24. & 28. de ces mêmes franchises. Dans le premier il est dit : *Etablissons & octroyons que nosdits Bourgeois vendent & engagent à qui il leur plaira leurs maisons, vignes, prez, champs, & autres choses, sauf nos droits & requise de Nous la licence.* Et dans l'autre : *Pourront nosdits Bourgeois faire Testamens de leurs biens & possessions sans nostre sçû, sauf nosdits droits, & donner à qui bon leur semblera, excepté à M[illegible]es blancs.*

Coutumier de Neufchatel, fol. m. 4.

La troisiéme preuve resulte des concessions & des confirmations qui ont suivi ; elle est encore au dessus de toutes les autres. Ces concessions contiennent les reconnoissances les plus formelles & les plus autentiques de l'alienabilité.

Par

Par les Lettres du 8 May 1537, intitulées, *Reconfirmation & augmentation des Franchises*, accordées par Jeanne d'Hochberg aux Bourgeois de Neufchatel, il paroist, que les Bourgeois de Neufchatel estoient chargez, envers leur Souverain, de cinq aides en cinq cas, sçavoir, pour Mariage de fille, voyage d'outre-mer, l'Ordre de Chevalerie, rachapt de prison & acquisition de terre; que pour chacun de ces cas, ils s'obligent de payer à leur Princesse, & à ses descendans, en ligne directe, la somme de cinq cens livres, monnoye foible courante dans le Comté, avec cette reserve, dont les termes sont essentiels à remarquer; *Et en outre avons ordonné, voulons, ordonnons & entendons, qu'en cas que nostredit Comté tombe en d'autres mains, qu'és nostres, ou descendans de Nous en droite ligne, soit par vendition, échange, permutation ou autrement, en quelque maniere que ce soit; Nous dés maintenant pour lors, & dés lors pour maintenant, avons quitté & remis, quittons & remettons à nosdits Bourgeois & à leurs successeurs lesdits cinq aides, les en déchargeant dés maintenant, lesdits cas arrivant, & non autrement.* Coûtumier de Neufchatel, fol. m. 61.

Par Lettres du 26 Janvier 1552, François d'Orleans recevant le serment de fidelité des Bourgeois de Neufchatel, les confirma dans leurs franchises, & nommément dans celle de la modification des cinq aides, avec la même clause repetée en ces termes: *Voulons & entendons qu'au cas que nostredit Comté tombe en d'autres mains qu'és nostres ou és descendans de Nous en droite ligne, soit par vendition, échange ou autrement de quelle maniere que ce soit: Voulons, &c.* Coûtumier de Neufchatel, fol. m. 239.

Par autres Lettres du 3 Mars 1567, on voit que Leonor d'Orleans ayant accordé en 1566, aux Bourgeois forains, qui habitent hors la Ville, la même modification des cinq aides à la somme de cinq cens livres, sans avoir ajoûté la clause d'exemption & décharge en cas d'alienation du Comté; ils firent de tres-humbles remontrances à Leonor d'Orleans, qui voulut bien leur en accorder l'exemption, de même qu'aux Bourgeois internes de Neufchatel, *au cas qu'aujourd'huy ou demain le Comté de Neufchatel fût alієné ou transporté par son Excellence, ses hoirs ou successeurs.*

Coûtumier de Neufchatel, fol m. 134.

Deux observations sur ces trois actes.

La premiere, on auroit en vain prevû le cas d'alienation du Comté, par vente, échange ou autrement, en quelque maniere que ce soit; En vain les Bourgeois forains de Neufchatel se feroient mis en peine de faire rétablir, par de secondes Lettres, la clause d'exemption, obmise dans les premieres en cas d'alienation du Comté, si l'on n'avoit pas esté notoirement convaincu, qu'il pouvoit estre aliené par vente, par échange & par toutes sortes de dispositions.

La seconde, en vain même les Bourgeois de Neufchatel, tant internes que forains, auroient demandé & obtenu, soit de Jeanne d'Hochberg, soit de Leonor d'Orleans, cette exemption des cinq aides, si le Comté n'avoit pas esté purement patrimonial; car en supposant le Comté inalienable, les droits qui en dépendent, & sur tout des droits aussi éminens que ceux des cinq aides, auroient esté pareillement inalienables.

Par Lettres du 7 Septembre 1578, intitulées *Octroy de l'Hôpital*, Jacqueline de Rohan Comtesse de Neufchatel, concede aux Deputez du Conseil & Communauté de Neufchatel, la direction de l'Hôpital de la

Ville & des dixmes qui en dépendent; *à moins* (dit l'Acte) *que la Religion Romaine vint à estre rétablie, auquel cas les Bourgeois seroient contrains de rendre cette direction au Chapitre, dans quelque temps que ce soit; Sinon au cas que nostredit Comté tombât en d'autres mains que de nos hoirs & successeurs, tant mâles que femelles en droite ligne, soit par guerre, vendition, échange ou autrement; auquel cas ce present article n'aura & ne sortira son effet, & demeurera tout ledit bien du Chapitre, ainsi presentement baillé audit Hôpital aussi perpetuellement.* Peut-on reconnoistre plus clairement, & plus formellement la faculté d'aliener ?

Coûtumier de Neufchatel, fol. m. 69.

Par Lettres de l'an 1539, contenant la remise faite par Jeanne d'Hochberg, aux Bourgeois de Neufchatel, des dixmes, maisons & autres biens d'Eglise, que tenoient les Chanoines de Neufchatel; il est dit, *que lesdits de Neufchatel, joüiront & gaudiront incontinent de tous & chacun les articles cy-dessus mentionnez & declarez sans empêchement quelconque: Et Nous & nosdits hoirs, de tous autres biens d'Eglise & autres, estant de nostredit Comté, en pourront faire nostre bon plaisir, sans que lesdits Bourgeois y puissent mettre empêchement quelconque.*

Coûtumier de Neufchatel, fol. m. 57.

Par Lettres du premier Juillet 1558, les Bourgeois de Neufchatel, qui avoient acquis de Jacqueline de Rohan Comtesse de Neufchatel, l'Abbaye de Fontaine-André & le Prieuré de Vautravers, accorderent à cette Princesse, la faculté de retirer ces domaines alienez; mais avec cette reserve expresse; *que si le Comté tomboit cy-aprés en d'autres mains que celles de madite Dame, Monseigneur le Duc son fils, ou Mademoiselle sa fille, & de leurs successeurs perpetuels descendans d'eux en droite ligne; soit par vendition, échange, guerre ou au-*

Coûtumirr de Neufchatel, fol. m. 84.

trement, ladite faculté de rachapt sera & demeurera nulle, & de nulle force & valeur à perpetuité. Que peut-on desirer de plus précis ?

Enfin Me de Nemours (car ce qu'elle a fait, quoy que sans droit, peut bien estre cité contr'elle-même, & contre ceux qui pretendent estre ses heritiers) Me de Nemours, dis-je, a accordé aux Bourgeois de Neufchatel & Valangin *l'abry* des censes foncieres ; Elle a affranchi les Sujets & les fonds des redevances perpetuelles ; Elle a déchargé de dixmes une partie du Comté de Valangin & des terres de Neufchatel ; Elle a donné des Fiefs ; en un mot, Elle a disposé de tous droits Seigneuriaux, ce qu'elle n'auroit pû faire (quand même elle auroit esté la legitime Souveraine) s'il estoit vray que la Souveraineté fust Usufructuaire & Inalienable. Comment donc les Etats & les Peuples de Neufchatel, qui par tant d'Actes si solemnels, en ont reconnu l'alienabilité dans tous les temps, pourroient-ils aujourd'huy la contester ? Ces Actes sont faits entre les Princes & eux ; les declarations, les reconnoissances & les conventions qu'ils contiennent, sont autant de titres mutuels & d'engagemens reciproques : Ce sont même les Peuples, qui prévoyans le cas d'alienation, comme permis & comme fondé sur la liberté naturelle, ont stipulé les exemptions, les décharges, les rétablissemens & les autres consentemens, qui sont le sujet de tous ces Actes.

Comment Mrs de Neufchatel, ou pour parler plus juste, ceux qui de leur propre autorité, qui se sont choisis eux-mêmes dans Neufchatel, pour composer les prétendus Etats du 18 Mars 1694, pourront-ils accorder le Jugement qui declare le Comté de Neufchatel *inalienable*, avec tous ces Contracts & tous ces Actes, où ceux qui les ont precedé dans tous les temps l'ont reconnu si formellement *alienable*? Comment accommoderont-ils de même cette vaine chimere *d'inalienabilité* avec les interests du Peuple? Que deviendroient ces droits, ces franchises & ces immunitez, que leurs Princes leur ont successivement accordées, s'ils n'estoient que de simples usufruitiers, & si un successeur pouvoit leur dire un jour, que la Souveraineté est inalienable, que par consequent il n'a pas esté au pouvoir du predecesseur d'en remettre, d'en aliener, ni d'en diminuer les droits? Que deviendroient ces graces qui ont tiré un grand nombre des habitans de ce païs de la dure condition de la main-morte? Et les Princes predecesseurs auroient-ils pû leur octroyer la liberté de vendre, & même de donner leurs maisons, leurs heritages & leurs autres biens, si ces Princes eux-mêmes n'avoient pas eu cette faculté?

Principes eadem privilegia tribuunt quæ habent. *L.* 31. *in fin. ff. de LL.*

Au contraire, la faculté reservée au Prince de disposer de ses Etats, est un titre à ses Peuples, pour la conservation de leurs franchises & de leurs droits. Par là, le Prince successeur se trouve dans l'heureuse impuissance de revoquer les graces que les Princes predecesseurs ont accordées. Ainsi, par un favorable accord, ce qui sert de fondement au droit de M. le Prince de Conti, servira d'appuy aux franchises de ses sujets; & déja disposé, par sa propre inclination, à les augmenter plutost qu'à les diminuer, il souscrira avec plaisir, à l'obligation que son titre même luy imposera de les conserver.

CONCLUSION.

Qu'on se récrie tant qu'on voudra, sur *l'éclat que l'investiture de Mr de Nemours a fait dans toute l'Europe*, sur *l'interest des Souverains*, & sur *la tranquillité des Etats*. Ces paroles pompeuses, ces grands mots, dont le Manifeste de Mr de Nemours est rempli, & qui dans tous ses écrits tiennent la place de raisons, se retorqueront contre leurs auteurs.

Quand toute l'Europe sçaura les intrigues preparées de loin, pour mettre cette Duchesse sur le trône, la maniere dont s'est formée cette Assemblée irreguliere, qui s'est donnée le nom des trois Etats; l'expulsion du Gouverneur, la convocation faite sans autorité, la politique d'éloigner des membres naturels des Etats dont on craignoit la justice, pour mettre à leur place des affidez, dont on esperoit la faveur; les suffrages engagez d'avance & par écrit; les protestations rejettées; les recusations negligées sans les juger & sans les entendre; l'affectation de precipiter l'investiture, pendant que la question du Testament estoit pendante au Parlement sans en attendre la decision, le peu d'attention à decider du plus important de tous les droits, sans connoissance, sans instruction, & sans forme, toutes les loix blessées, toutes les regles méprisées, & pardessus tout cela, le refus obstiné dans tous les temps d'un Tribunal impartial; les Troupes appellées, les voyes extraordinaires employées pour l'empêcher: Toute l'Europe, dis-je, reconnoistra, que ce n'est pas une investiture, mais une intrusion.

Quand les Souverains connoîstront, que dans ce prétendu Jugement, l'injustice du fond surpasse encore le vice de la forme; Que ces prétendus Juges se sont faits eux-mêmes, un faux systême d'inalienabilité jusqu'à lors inoüy & inconnu à Neufchatel, que Mᵉ de Nemours ne soûtenoit pas, & qu'elle desavoüoit elle-même par ses propres Actes; Qu'ils l'ont décidé sans l'examiner & sans l'entendre, sans s'instruire ni des principes generaux, ni des titres particuliers, qui se trouvent en foule dans les Archives de Neufchatel; Qu'ils ont volontairement erré dans le droit & dans le fait; Qu'ils ont entrepris, par une pure nouveauté, de changer la nature de la Souveraineté, pour détruire le droit du Souverain; Qu'enfin, cette Souveraineté, qu'ils declarent *inalienable par Testament seulement*, a esté alienée dans tous les temps par des ventes, des échanges, des donations, des Testamens & par toutes sortes de dispositions; Qu'elle a esté divisée par des partages, hypotequée par des Coheritiers, regie par des tuteurs dans les familles, & qu'en un mot, elle est incontestablement du nombre des Souverainetés purement patrimoniales; les Souverains (dis-je) mieux informez des regles & des faits, desabusés de ces faux préjugés semés dans les Memoires de Mᵉ de Nemours, n'approuveront pas sans doute un Jugement qui renverse les loix & les usages, pour détruire le droit legitime.

Enfin, Quand les Peuples de Neufchatel, les vrais Etats, les Cantons alliez & les voisins, rappelleront dans leurs esprits les circonstances passées; Comment en 1694, les Députés de Fribourg & de Soleure indignés de ces mauvaises manœuvres, pratiquées pour exclure des Juges legitimes, & pour en substituer d'affidés, s'éleverent hautement & par écrit contre tout ce qui fut fait; protestant, *que les Assesseurs se faisant Juges & Parties, ils ne pouvoient point les reconnoistre pour Juges competens*; Comment en 1699, dans la conference tenuë à Bienne, ceux de Fribourg soûtinrent par esprit de Justice, *que M. le Prince de Conti ne devoit point estre exclu de son droit, mais qu'on devoit luy ouvrir la Justice, aussi bien que les Archives de Neufchatel, pour tirer copie des Actes qu'il demandoit*; Comment ceux de Soleure s'écrierent encore plus fortement, *qu'ils n'approuvoient & ne reconnoissoient point l'investiture de Mr de Nemours pour legitime, & ne l'approuveroient jamais*; Comment un grand nombre & des plus notables de Neufchatel, convaincus de la nullité de tout ce qui s'estoit fait en 1694, persuadés qu'il n'y avoit qu'un Jugement dans les formes, qui pût fixer les esprits & prevenir les desordres, souscrivirent é la convocation d'un Tribunal impartial demandé de la part du Roy par son Ambassadeur, pour M. le Prince de Conti; Comment ce parti comme le plus juste & le plus honorable à la Nation auroit prévalu, si la faction contraire n'avoit introduit des Troupes dans Neufchatel pour s'y opposer, & pour apuyer l'injustice par la force.

Quand les Habitans de cette Souveraineté feront reflexion, que c'est à cette liberté naturelle & hereditaire, dans laquelle leurs Souverains se sont toûjours maintenus, d'aliener, de donner & de disposer, qu'ils sont redevables des franchises, des privileges & des droits dont ils joüissent; Quand ils considereron [illegible] que le Testament de M. l'Abbé d'Orleans, ne met pas à sa place un Successeur étranger de sa famille, mais un Prince son cousin germain, qui aprés Me de Nemours, estoit le plus proche de son sang, qui suivant l'ordre naturel de la mortalité, auroit esté le plus prochain, Prince d'ailleurs d'autant plus digne par toutes ses qualités de luy succeder, qu'il aporte avec ses grandes vertus, à Neufchatel les dispositions les plus favorables pour les Peuples, & le desir le plus sincere de vivre bien avec eux.

Quand aprés toutes ces reflexions ils ouvriront encore les yeux sur les troubles dont cette Souveraineté seroit une source perpetuelle dans tous les temps, sur les disputes & les differens sans nombre dont la succession de ce Comté seroit l'objet, & dont Neufchatel deviendroit le Theatre, si l'on vouloit aujourd'huy en changer la forme & l'état, & faire dans cette occasion, à Neufchatel, tout le contraire de ce qui a esté fait dans toutes les autres, dont on a raporté les preuves tirées des Archives mêmes de Neufchatel; Les Peuples (dis-je) de Neufchatel, les vrays Etats, les Cantons alliés & les voisins, seront convaincus, qu'il est de leur veritable interest, de la tranquilité de leur Etat & de l'honneur de leur Nation, que le droit de S. A. S. Monseigneur le Prince de Conti, soit reconnu, maintenu & confirmé; & ceux mêmes qui avoient mis la reconnoissance à la place de la justice en faveur de Me de Nemours, ne seront pas fâchés de voir la justice reprendre sa place en faveur de M. le Prince de Conti.

Scribebat, ARRAULT

www.ingramcontent.com/pod-product-compliance
Lightning Source LLC
LaVergne TN
LVHW020020170826
845678LV00001B/66
* 9 7 8 2 3 2 9 7 9 0 7 7 0 *